Förster | Queen Elizabeth II. 100 Seiten

*** Reclam 100 Seiten ***

BIRTE FÖRSTER, geb. 1973, arbeitet als Historikerin an der Universität Bielefeld. Bei Reclam erschien zuletzt ihr Buch *1919. Ein Kontinent erfindet sich neu.*

Birte Förster

Queen Elizabeth II. 100 Seiten

Reclam

Meinen Freundinnen.

2023, 2024 Philipp Reclam jun. Verlag GmbH,
Siemensstraße 32, 71254 Ditzingen
info@reclam.de
Umschlaggestaltung: Philipp Reclam jun. Verlag GmbH
nach einem Konzept von zero-media.net, München
Infografik (S. 60 f.): annodare GmbH, Agentur für Marketing
Bildnachweis: S. 9, 19, 25, 27, 31, 33: Royal Collection Trust; S. 13: dpa 104653; S. 63: Wikimedia Commons / W. Bulach; S. 67: IMAGO / Heritage Images; S. 95: Wikimedia Commons / Doyle of London;
Autorinnenfoto: © Philipp Ottendörfer
Umschlagmaterial: Creative Print, Schabert
Druck und Bindung: Esser printSolutions GmbH,
Untere Sonnenstraße 5, 84030 Ergolding
Printed in Germany 2025
RECLAM ist eine eingetragene Marke
der Philipp Reclam jun. GmbH & Co. KG, Stuttgart
ISBN 978-3-15-020705-5
reclam.de

Für mehr Informationen zur 100-Seiten-Reihe:
reclam.de/100Seiten

Inhalt

Die Queen

Queen Elizabeth II. (1926–2022) war eine Königin der Rekorde. Im September 2015 überholte sie ihre Ururgroßmutter Victoria (1819–1901) als am längsten regierendes Staatsoberhaupt, 2022 feierte sie ihr 70-jähriges Thronjubiläum, als Oberhaupt des Commonwealth war sie Königin in zuletzt vierzehn weitere Staaten. Am Ende ihres langen Lebens konnte sich kaum jemand daran erinnern, wie es vor ihrer Zeit oder ohne sie gewesen war. Im Internet kursieren Bilder einer interessiert dreinschauenden Queen, die angeblich beobachtete, wie ein Meteor die Dinosaurier auslöschte. Sie war nicht nur das Bindeglied zur häufig romantisierten Vergangenheit des Empire und des Zusammenhalts im Zweiten Weltkrieg. Sie galt zudem als Garantin für Konstanz und Stabilität in einer Zeit, in der sich Großbritannien zunächst von einem Empire zu einem Nationalstaat wandelte und dann immer wieder von umfangreichen gesellschaftlichen Entwicklungen und politischen Umbrüchen geprägt war.

Dass es eine Königin von England gab, erfuhr ich als Kind von meiner Urgroßmutter Anni Dallmann. Die war fasziniert von königlichen Hoheiten, wohlgemerkt von amtierenden solchen, falls Herr von Preußen nun auf falsche Gedanken kommen sollte. Obwohl fast so alt wie die Queen Mum (1900–2002), hatte sie nichts mit der Queen oder deren Mutter gemeinsam. Sie hatte als Dreizehnjährige die Schule verlassen und war Milchmagd geworden, hatte keinen Prinzen, sondern einen Knecht geheiratet und ihr Leben lang körperlich hart gearbeitet. Stundenlanges Winken wäre ihr ein Leichtes gewesen, aber ihr Arm rührte in meinen Kindheitserinnerungen in der Kälbermilch. Als Uroma Anni das Standardwerk *Königs- und Fürstenhäuser heute* der Society-Journalistin Margret Dünser geschenkt bekam, las ich als Siebenjährige darin, dass die Königin von England sehr wenig esse und Schokoladenkekse eine Versuchung für sie seien. Ich wusste nicht, was eine Versuchung war; meine Mutter musste es mir erklären. Königin zu sein hielt ich danach für äußerst unattraktiv, wenn man dann nicht einmal so viele Schokoladenkekse bekam, wie man gerne hätte.

Noch etwas anderes fiel mir als Kind auf. Auf Fotos von Staatsbesuchen war die Königin häufig die einzige Frau. Umringt von einer Horde von Männern saß sie in der ersten Reihe in der Mitte und lächelte milde. Eine Ausnahme, zu der sich auf Fotos in den 1980ern Jahren zuweilen Premierministerin Maggie Thatcher gesellte. Als regierende Königin war sie den Geschlechtervorstellungen ihrer Zeit gleichsam enthoben, niemand erwartete von der englischen Thronfolgerin und Königin, sich wie eine gute Hausfrau und Mutter zu verhalten, wie es für die Britinnen lange Zeit galt und zuweilen noch gilt. Nicht einmal Geld hatte die Königin bei sich, auch kein Nummernschild an ihrem Auto. Zudem hatte die Queen erfolgreiche Vorgängerinnen, zuletzt Königin Victoria, unter der ihr eigener erster Premierminister Winston Churchill noch gedient hatte. Möglicherweise waren beide Frauen auch deshalb als Staatsoberhaupt akzeptabel, weil sich ihr Königtum nahezu vollständig auf der symbolischen Ebene abspielte und sie nur wenig politische Macht besaßen. Die große Namensvetterin der Queen, Elizabeth I. (1533-1603), hatte sich noch auf die Zwei-Körper-Theorie des Königtums berufen, nach der nicht der natürliche Körper, sondern der politische Körper entscheidend sei – und der war (anders als der natürliche) potentiell geschlechtslos. Einer Heirat hatte die sogenannte *Virgin Queen* sich auch deshalb verweigert, weil ein Mann eine Gefahr für ihre politische Position darstellte. Das war bei Victoria und Elizabeth II. anders. Ihre Gatten wurden lediglich Prinzgemahle, wer Staatsoberhaupt war, blieb unangefochten. Die für beider Zeit typische Geschlechterordnung wurde für diese beiden Ausnahmen gewissermaßen auf den Kopf gestellt, denn ihre Gatten sollten die Erbfolge sichern und ihre Königinnen unterstützen – nicht umgekehrt. Albert und Philip mussten sich ein anderes Betätigungsfeld als das Regieren suchen. Der eine fand seine Bestimmung im Schlösserbau und in der Weltausstellung von 1851, der andere bei Wohltätigkeitsorganisationen, im World Wildlife Fund und der Bewirtschaftung der privaten Residenzen der Windsors. Queen Elizabeth II. aber machte die in der Nationalhymne geäußerte Hoffnung »long to reign over us« wahr und wurde zur am längsten amtierenden Monarchin der britischen Geschichte.

Was darf die Queen?

Um zu verstehen, welche Rolle die Queen als Staatsoberhaupt einer konstitutionellen Monarchie mit einem demokratisch nach allgemeinem Wahlrecht gewählten Parlament überhaupt spielen kann, muss man vor allem eines wissen: Das Vereinigte Königreich hat keine schriftlich niedergelegte Verfassung. Sie besteht vielmehr aus einer Summe von Gesetzen, Verordnungen und Konventionen. Deshalb befindet sich nicht nur das System der Westminster-Demokratie – so benannt nach dem Standort des Parlaments – in einem ständigen historischen Entwicklungsprozess, sondern auch die Funktion der Krone innerhalb dieses Verfassungssystems, so die Historikerin Almuth Ebke. Sie beschreibt, wie im 19. Jahrhundert im Zuge von Wahlrechtserweiterungen und der Professionalisierung des Parteiensystems die monarchischen Befugnisse eingeschränkt wurden. Zwar besitzt das britische Staatsoberhaupt theoretisch königliche Vorrechte. Die tatsächliche Kontrolle über diese Rechte aber übt schon seit dem 19. Jahrhundert das Parlament aus.

Der Journalist Walter Bagehot brachte es schon 1867 in seinem Werk über die englische Verfassung so auf den Punkt: Das Staatsoberhaupt hat das Recht, konsultiert zu werden, Rat zu erteilen und zu warnen. Nicht mehr und nicht weniger. Aus diesem Recht resultieren vor allem die wöchentlichen Audienzen mit den jeweiligen Premierministerinnen und -ministern, über die so gut wie nichts nach außen dringt. Ergänzen könnte man noch das Recht, informiert zu werden, denn der Inhalt der berühmten roten Boxen hält das Staatsoberhaupt über die Tagespolitik seiner Regierung auf dem Laufenden. Königin Elizabeth II. galt als eine der politisch am umfassendsten informierten Personen weltweit.

Die Vorrechte, die dem britischen Staatsoberhaupt theoretisch zustehen, werden heute von Ministerinnen und Ministern ausgeübt und unterliegen damit parlamentarischer Kontrolle, etwa der Einsatz von Streitkräften oder der Abschluss von Verträgen. Anders formuliert: Einen Brexit hätte auch die Queen nicht verhindern können, so sie denn gewollt hätte. Dennoch besitzt das Staatsoberhaupt noch immer besondere Rechte, nämlich Vorbehaltsrechte (*reserve powers*) und persönliche Vorrechte (*personal prerogatives*). Dazu gehören die Ernennung und Entlassung der Minister einschließlich der Premierministerinnen sowie die Einberufung oder die Anordnung von Sitzungspausen (*prorogation*) des Parlaments. Grundsätzlich wird erwartet, dass das Staatsoberhaupt den Ratschlägen der Regierungsvertreter folgt. Bei der Parlamentseröffnung verlas die Königin bekanntermaßen keine eigene Rede, sondern das Programm der jeweiligen Regierung. Es handelt sich also nur um einen formalen Akt. Auch die königliche Zustimmung zu Gesetzen, der sogenannte *royal assent,* wird automatisch erteilt, sobald das Gesetz beide Häuser passiert hat.

Bei einer Vertagung des Parlaments kam es 2019 allerdings zu einem Konflikt mit Folgen, berichtet Ebke. Als die Queen auf Antrag des damaligen Premiers Boris Johnson im September das Parlament für fünf Wochen in eine Sitzungspause schickte, wurde dieser Antrag nachträglich vom schottischen *Court of Sessions* zum rechtwidrigen Akt erklärt. Der Oberste Gerichtshof des Vereinigten Königreiches bestätigte das Urteil. Es gilt daher als unwahrscheinlich, dass Charles III. einem ähnlichen Antrag auf eine Sitzungspause noch einmal zustimmen wird. Ein wichtiges Vorbehaltsrecht aber hat auch der aktuelle Monarch: Sollte sich ein Premierminister weigern zurückzutreten, obwohl er kein Vertrauen mehr im Parlament genießt, kann der König ihn entlassen.

Ein Beispiel für die persönlichen Rechte des Staatsoberhauptes ist die Wahl seines offiziellen Namens: Die Königin wollte sich 1952 Elizabeth II. nennen, was bei schottischen Nationalisten Widerstand auslöste, denn eine Elizabeth I. hatte es im schottischen Teil des Vereinigten Königreiches nie gegeben. Ein Gratulant schrieb deshalb an den Staatssekretär für Schottland etwas bissig: »Elizabeth Tudor unbekannt«. Die Rechtsanwälte John MacCormick und Ian Hamilton reichten gegen den Titel »Elizabeth II. des Vereinigten Königreiches« Klage ein. Das Hauptargument ihrer Klage war, dass ein Bruch mit der *Act of Union* aus dem Jahr 1707 vorliege, dem Gesetz also, das beide Königreiche vereinte. Hamilton war übrigens einer jener schottischen Studierenden, die an Weihnachten 1950 den *Stone of Destiny* aus dem Krönungsstuhl in Westminster Abbey entführt und zurück nach Schottland gebracht hatten.

Die Richter entschieden jedoch, die königliche Namensnummerierung sei Teil des königlichen Vorrechts, und die Klage wurde abgewiesen. Auch im Parlament kritisierten schottische und walisische Abgeordnete die Namenswahl Elizabeth II. Die schottische Labour-Abgeordnete Jean Mann beklagte, in welches Dilemma die neuen Münzen Schottinnen und Schotten bringen würden, die sich mit dem gewählten Titel der darauf abgebildeten Monarchin nicht identifizieren könnten. An Premierminister Winston Churchill prallte all dies ab: Man solle einfach immer die höchstrangigste Nummerierung des Titels für alle Teilen des Vereinigten Königreiches wählen. Als 1952 aber in Schottland neue Briefkästen mit der unpopulären Ziffer *E II R* aufgestellt worden waren, entbrannte dort der sogenannte *Pillar Box War*. Briefkästen mit diesem neuen Zeichen wurden mit Teer beschmiert, mit Hämmern malträtiert oder gleich in die Luft gejagt. Infolgedessen zierte nördlich der Grenze ab 1953 das Logo der Königlichen Post nur noch eine Krone, und zwar die schottische.

Das Krönungsritual drückt zum einen die Einhegung des Monarchen durch das Parlament aus, denn das Staatsoberhaupt muss nicht nur schwören, sich an die Gesetze des Landes zu halten, sondern auch für Recht und Gerechtigkeit zu sorgen. Dieser Schwur ist seit 1688/89 Teil der Zeremonie. Die Krönung macht jedoch zum anderen die religiöse Verwurzelung des Königtums deutlich, denn das britische Staatsoberhaupt wird gesalbt. Seine Herrschaft ist damit göttlich legitimiert. Dies wiederum machte es der Queen unmöglich, abzudanken, denn dann hätte Charles zwar Regent werden können – wie zuvor der spätere George IV. (1762–1830) für seinen psychisch kranken Vater George III. (1738–1820) –, aber eben nicht König.

Im 19. Jahrhundert bildete sich noch ein weiteres wichtiges Merkmal der britischen Monarchie heraus, nämlich die Doktrin eines politisch neutralen Staatsoberhauptes. Diese hat sich weitgehend durchgesetzt. Klingt etwa im Falle des »EU-Huts« der Queen oder in der Weihnachtsansprache doch einmal eine

Bewertung an, wird diese breit diskutiert. Johnsons Gebaren während der Coronapandemie schien die Königin schon durch ihr persönliches Handeln auch politisch zu kommentieren. Während sie sich in Windsor isolierte und bei der Beerdigung des Mannes, mit dem sie 73 Jahre lang verheiratet gewesen war, mit großem Abstand zu ihren Kindern allein in der ersten Reihe der St. George's Chapel in Windsor saß, feierte der Premier an seinem Amtssitz Partys, was der Infektionsschutz zu jener Zeit nicht gestattete. Das Bild der einsam Trauernden stand stellvertretend für all jene, die sich an die Coronaregeln einer Regierung gehalten hatten, deren zentrale Vertreter sich darum selbst wenig scherten. Das Verhalten der Königin während der Pandemie war unter diesen Bedingungen nicht neutral, konnte es auch gar nicht sein – auch weil andere es politisierten.

Peter Alter betont die informelle Macht der Königin, die sie durch Kontakte zu den jeweiligen Premierministern und ihren umfassenden Zugang zu Informationen habe. Bei ihrer Ansprache zu Beginn der Pandemie, die sie am 5. April 2020 hielt, wird jedoch noch eine andere Form informeller Macht deutlich. Nämlich die Möglichkeit, Kontinuität und Stabilität zu repräsentieren. Von Windsor aus dankte die Queen via Videobotschaft all jenen, die in Krankenhäusern, Pflegeheimen und darüber hinaus ihren Dienst versahen. Doch in der Pandemie seien alle gefragt, betonte die Königin, denn die sei nur gemeinsam zu überwinden. Sie mahnte zu Besonnenheit, indem sie ihre Hoffnung äußerte, alle würden in Zukunft mit Stolz auf den eigenen Umgang mit der Krise zurückblicken können. Einigkeit und Entschlossenheit, Selbstdisziplin, gutmütige Besonnenheit und Mitgefühl seien Eigenschaften, die die Britinnen und Briten auch im 21. Jahrhundert auszeichneten, erklärte

Princess Elizabeth (r.) mit ihrer Schwester Margaret beim Aufzeichnen ihrer ersten Radioansprache im Oktober 1940.

ihre Königin. Zweifach verwies sie in ihrer Rede auf die Zeit des Zweiten Weltkriegs: Indem sie sich an ihre allererste Radiobotschaft aus dem Jahr 1940 erinnerte, in der sie evakuierten Kindern Mut zugesprochen hatte, und am Ende ihrer kurzen Rede mit ihrem Versprechen: »Wir werden uns wieder begegnen«. Damit spielte sie auf Dame Vera Lynns berühmten Song »We'll Meet Again« an, den diese im Zweiten Weltkrieg vor Frontsoldaten gesungen hatte. Im kulturellen Gedächtnis Großbritanniens ist er als ein Versprechen auf bessere Zeiten fest verwurzelt. Nach der Rede wurde der Song neu veröffentlicht und stürmte die britischen Charts.

Selbstdisziplin, Besonnenheit und Mitgefühl brauchten in der globalen Pandemie alle, um sie angesichts der Unsicherheit angemessen zu navigieren. Viele Staats- und Regierungschefs richteten ähnliche Botschaften an ihre Bevölkerungen. Die Queen aber tat dies mit der Autorität einer betagten Frau, die ihr Königtum als Dienst an der Bevölkerung begriff. In ihrer Ansprache schien sie jene Schnittstelle zwischen profanem Pandemiealltag und national-spiritueller Sphäre auszufüllen, die der schottische Politikwissenschaftler Tom Nairn als nicht entzifferbares royales Mysterium und zugleich als perfides Erfolgsrezept der Windsors ausgemacht hatte. Nairn warnte bereits 1988 in seinem Buch *Enchanted Glass* mit guten Gründen davor, sich die britische Monarchie trotz ihrer symbolischen Rolle als zu machtlos vorzustellen. Die Queen durfte vielleicht nicht viel, aber sie hatte Möglichkeiten.

Die Queen im Dienst der Allgemeinheit?

Grundlegend für das Amtsverständnis der Queen war das von ihrem Großvater George v. (1865–1935) entwickelte Konzept einer *public service monarchy*, was man wohl am besten, wenngleich etwas holprig, als ›Gemeinwohlmonarchie‹ übersetzen kann. Damit war eine Monarchie gemeint, die ihre Existenz dadurch legitimierte, dass sie ihre Möglichkeiten und Privilegien für das Wohl der Bevölkerung einsetzte. George v. stellte, so Ann Lyon in ihrer Verfassungsgeschichte, die Verantwortung des Monarchen gegenüber Nation und Empire ins Zentrum monarchischer Selbstdarstellung und verstand seine Aufgabe als Staatsoberhaupt als Dienst an beiden. Nicht umsonst blieb der Wahlspruch seines Sohnes als Prinz von Wales »Ich dien«. Als Queen Elizabeth 1953 gekrönt wurde, stellte der Erzbischof von Canterbury das Tragen der Krone als ein willentliches Opfer einer von Gott Berufenen für ihr Land dar. Diese Erzählung pflegten die Königin und ihr Thronfolger bis an ihr Lebensende, und sie soll wohl auch darüber hinaus gelten.

Zugleich verstand der Monarch sich und seine Angehörigen als Vorbild für andere. Wie schon Königin Victoria gerierten sich auch George v. und seine Lieben als bürgerliche Familie auf dem Thron, mit Tugenden wie Bescheidenheit, Pflichtgefühl und Demut. Diese Inszenierung hatte jedoch einen hohen Preis. Gemeinsam mit dem Ideal einer am Gemeinwohl orientierten Monarchie bewirkte es, dass die Mitglieder der königlichen Familie zunehmend öffentlicher Musterung unterzogen wurden. Ihre Privilegien mussten sie sich durch tadelloses Verhalten sowohl öffentlich wie privat erst verdienen, so die verbreitete Sichtweise. Da die Monarchie seit Queen Victoria auf Sichtbarkeit setzte und zugleich darauf angewiesen war, taten die immer wichtiger werdenden Massenmedien ihr Übriges im Hinblick auf diese Beobachtung des öffentlichen oder öffentlich werdenden Gebarens der Königsfamilie.

Probleme ließen nicht lange auf sich warten, denn der spätere König Edward VIII. (1894–1972) passte nicht so recht in eine bürgerliche Familienidylle. Zwar setzte er sich mit Charme und Charisma für ärmere Bevölkerungsschichten ein, aber er führte kein bescheidenes, sondern ein extravagantes Leben. Zudem wurde viel über seine Affären gemunkelt, ans Heiraten und Sichern der Erbfolge schien er nicht zu denken. Ob er seine eigenen Interessen in den Dienst des Gemeinwohls stellen würde, schien trotz Wahlspruch mehr als fraglich. Dass der neue König dem Ideal der *public service monarchy* nicht entsprechen wollte, führte schon vor seiner Krönung zur Konfrontation mit der Regierung. Das Kabinett wollte seiner Heirat mit der bald zweifach geschiedenen Amerikanerin Wallis Simpson nicht zustimmen. Denn als künftiger König war er zugleich Oberhaupt der Anglikanischen Kirche, die Scheidungen zu diesem Zeitpunkt nicht anerkannte. Auch eine sogenannte Heirat zur linken Hand, bei der die königlichen Privilegien weder auf die Gattin noch auf mögliche Kinder übertragen werden würden, akzeptierte die Regierung nicht. Daraufhin trat der König im Dezember 1936 zurück und löste

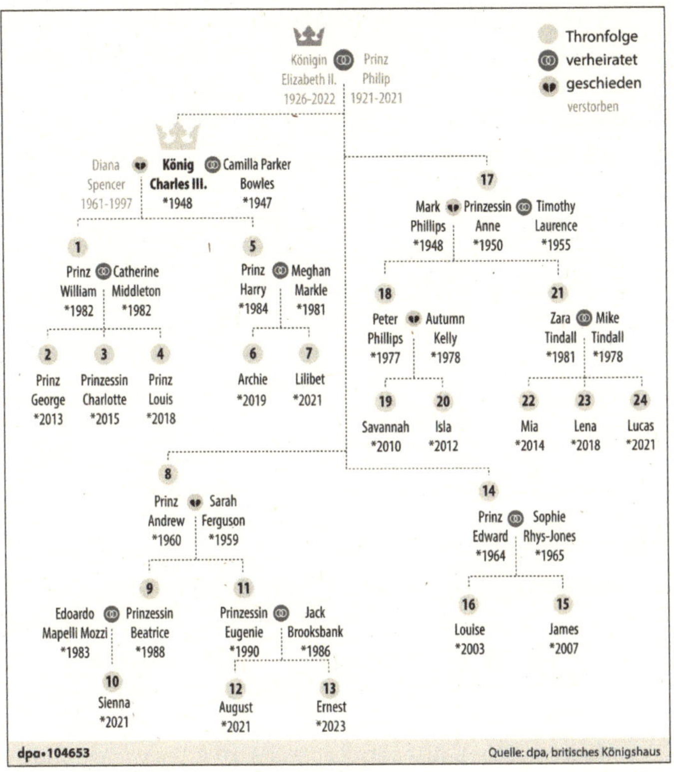

damit eine schwere Krise der Monarchie aus – nicht zuletzt, weil er seine eigenen Interessen über die der Allgemeinheit und der Monarchie gestellt hatte.

An seiner statt wurde der Vater der Queen, der Herzog von York, 1937 zu George VI. (1895–1952) gekrönt, der eine an Wohltätigkeit ausgerichtete Monarchie viel besser verkörperte als sein Bruder und zudem eine Vorzeigefamilie hatte. Prinzessin Elizabeth wurde so zur Thronfolgerin. Sie betete zwar für einen Bruder, der sie und auch ihre Schwester Margaret (1930–2002) sofort auf die hinteren Plätze verwiesen hätte, aber ihre Gebete wurden nicht erhört. Erst 2013 wurde das Gesetz für die Thronfolge geändert. Das erste Kind von Prinz William und Kate Middleton sollte unabhängig von seinem Geschlecht Thronfolger werden. Die Gesetzesänderung bedeutet auch, dass ihre zweitgeborene Tochter Charlotte (*2015) in der Thronfolge vor ihrem jüngeren Bruder Louis (*2018) steht. Sie gilt allerdings nicht rückwirkend, weshalb zum Beispiel Lady Louise Windsor, die 2003 geborene Tochter von Prinz Edward, in der Thronfolge weiterhin hinter ihrem jüngeren Bruder James (*2007) rangiert.

Die Krise der Monarchie, die sie als Kind erlebt hatte, prägte die Königin nachhaltig. Sie war dazu mit einem Mann verheiratet, dem die prekäre Situation europäischer Dynastien nur zu bekannt war, denn sein eigener griechischer Prinzentitel war kaum das Papier wert, auf dem er stand. Zudem war ihm bewusst, dass es Alternativen zur Monarchie gab, weshalb diese sich als anpassungsfähig erweisen müsse. Prince Philip, der Herzog von Edinburgh, trieb daher die praktische Umsetzung einer am Gemeinwohl orientierten Monarchie mit voran. Dies bedeutete auch, Organisationen selbst zu gründen oder durch Schirmherrschaften zu unterstützen, was über die bis dato übliche Patronage vor allem der weiblichen Mitglieder für Krankenhäuser und Wohltätigkeitsbasare weit hinausging. Schon im 19. Jahrhundert hatte sich unter Queen Victoria allerdings die Praxis herausgebildet, Wohltätigkeit weniger selbst zu finanzieren, als entsprechenden Organisationen durch Schirmherrschaften Prominenz zu verleihen.

Auf Anregung des Schulleiters von Gordonstoun, Kurt

Hahn, gründete Prince Philip 1956 den *Duke of Edinburgh's Award*, der Jugendlichen Outdooraktivitäten ermöglicht, aber auch soziales Engagement sowie Einsatz für den Umweltschutz fördert. Die ehrenamtliche Beteiligung der Jugendlichen wird durch ein Auszeichnungssystem bewertet, das wiederum bei der Bewerbung an Universitäten nützlich sein kann. Die Organisation gibt es inzwischen in 60 Ländern. Allein im Jahr 2022/23 waren 537 000 Jugendliche im Vereinigten Königreich in dem Programm aktiv, weltweit haben seit der Gründung ca. acht Millionen Jugendliche daran teilgenommen. Der *Duke of Edinburgh's Award* ist nicht nur ein gutes Beispiel für die Ausweitung der *public service monarchy*, die damit Angebote zur Ausbildung von Fähigkeiten in der Breite macht, sondern auch als Professionalisierungsschub zu verstehen ist. Mitglieder der *royal family* warteten nun nicht mehr, bis ihnen eine Schirmherrschaft angeboten wurde, was selbstverständlich weiterhin geschah, sondern sie gründeten selbst Organisationen.

Ausgehend vom *Duke of Edinburgh's Award* baute die königliche Familie ihre Schirmherrschaften für Wohltätigkeitsorganisationen stetig aus und band die Familienmitglieder immer stärker ein. Mit gerade einmal zwanzig Jahren wurde Princess Anne zur Präsidentin von *Save the Children* UK, einer transnationalen Organisation, die 1919 von der britischen Sozialreformerin Eglantyne Webb gegründet worden war und die 2020 immerhin 326 Millionen Euro für weltweite Projekte ausgab. Charles gründete 1976 den *Prince's Trust*, der inzwischen junge Menschen mit insgesamt 1,85 Milliarden Euro gefördert hat. Der Prince of Wales konzentrierte sich bewusst auf marginalisierte Gruppen, das passte seit den ausgehenden 1980ern auch gut in den Selbstentwurf eines Großbritannien, das sich als multikulturelle Gesellschaft verstand. Kate, die neue Prinzessin von Wales, setzt sich für frühkindliche Förderung ein, ihr Mann William für den Klimaschutz und für Obdachlose – um nur einige ausgewählte Beispiele unter den Hunderten von Wohltätigkeitsorganisationen zu nennen, die unter der Schirmherrschaft der königlichen Familie stehen. Allein Charles III. hatte als Prince of Wales 400 solcher Verpflichtungen. Welche Schirmherrschaft wem übertragen wird, ist inzwischen durchaus ein Hinweis auf den Status der jeweiligen Personen in der ›Firma‹, wie George VI. seine Familie einst genannt hatte. Die *public service monarchy* gibt auch weniger prominenten Mitgliedern der königlichen Familie wie den Cousinen und Cousins der Königin die Möglichkeit, sich als sogenannte *working royals* zu verstehen – inklusive Anspruch auf einen Zuschuss von den Zahlungen der *Civil List*. Doch dazu im übernächsten Kapitel mehr.

Unter der Queen hat sich der Umbau der Monarchie hin zur *public service monarchy* endgültig vollzogen, resümierte der Verfassungsexperte Vernon Bogdanor anlässlich des Diamantenen Jubiläums der Königin 2012. Dies bedeute aber auch, dass die Monarchie stets daran gemessen werde, was sie für die Gemeinschaft leiste. In öffentlichen Verlautbarungen, etwa bei Jubiläen, wurde dies häufig als Zirkelschluss dargestellt: Der Prince of Wales erinnerte beim Platinjubiläum 2022 an das 1947 gegebene Versprechen seiner Mutter, dem Land und dem Commonwealth zu dienen; dieses Versprechen habe sie eingelöst, wofür man wiederum dankbar und stolz sei, denn die Königin habe ihrem Land so viele Dienste erwiesen.

Die am Dienst orientierte Monarchie erweist sich als höchst anpassungsfähig an aktuelle Entwicklungen, wie nicht zuletzt das Engagement des neuen Königs wie auch das seines Sohnes für Biodiversität und Klimaschutz zeigen. Damit hat sich die *public service monarchy* im Anthropozän einen weiteren Bereich erschlossen, der so zukunftsträchtig wie monarchiekompatibel ist. Denn wem sollte man den Schutz des eigenen Herrschaftsbereichs wohl besser abnehmen als einem König? Das Konzept von Wohltätigkeit gerät jedoch zunehmend auch in die Kritik. In Bezug auf die Förderung frühkindlicher Entwicklung fragen skeptische Stimmen, welche konkreten Verbesserungen für Kinder im Vorschulalter eigentlich aus den Erkenntnissen der Stiftung der Princess of Wales folgen würden.

Dass die königliche Familie die Vorstellung von der eigenen Vorbildfunktion noch nicht zu den Akten gelegt hat, zeigt nicht zuletzt die Familie des neuen Prince of Wales. Auch diese stellt sich als bürgerliche Familie dar, die am liebsten draußen Sport treibt. Tatsächlich aber lebt sie das typische Leben einer privilegierten Oberschichtenfamilie mit Nanny, Privatschule, Urlaub in privaten Karibikressorts, Angestellten und mehreren Residenzen. Inzwischen kommen noch Einnahmen aus dem milliardenschweren Herzogtum Cornwall hinzu, mit denen der jeweilige Prince of Wales seine und die Unkosten seiner Familien deckt. In der wohltätigen Dienstmonarchie, das schrieb der Historiker David Cannadine bereits 1995 in der *London Review of Books*, treffen die königliche Kultur der Herablassung und eine populäre Aufstiegshoffnung aufeinander. Die Schirmherrschaften der königlichen Familie erkennen diese Hoffnung an, nicht zuletzt deshalb sind, ergänzt der Historiker Frank Prochaska, die Wohltätigkeitsorganisationen ein so wichtiger Bestandteil des königlichen Auszeichnungssystems. Sie versprechen zudem Nähe zur königlichen Familie. Denn zu Gartenpartys, Hochzeiten oder Jubiläumskonzerten werden ehrenamtlich Tätige bevorzugt eingeladen oder als Gäste ausgelost.

Königin der Sichtbarkeit

Das öffentliche Leben der britischen Königin Elizabeth war untrennbar mit ihrer medialen Inszenierung verbunden, und zwar seit ihrer Geburt. Sie war die Königin der Sichtbarkeit, und das war eine kluge Strategie, denn die mediale Inszenierung der Monarchie stellte sicher, dass sich überhaupt jemand für eine aus der Zeit gefallene Staatsform und ihre Repräsentanten interessierte oder gar begeisterte. Königin Elizabeth gelang es fast immer, sich der jeweils neuen Medien für ihre Zwecke zu bedienen und sie zudem dafür zu nutzen, die Monarchie und deren Wahrnehmung an die Anforderungen einer sich deutlich wandelnden Gesellschaft anzupassen. Das Ausschöpfen der medialen Möglichkeiten zieht sich wie ein roter Faden durch das Leben der Queen, ihre Biographie wird deshalb anhand dieser strategischen Partnerschaft erzählt.

Die erste Medienmonarchin aber war im 19. Jahrhundert ihre Urgroßmutter Königin Victoria gewesen, die Porträts, Gemälde, Briefmarken, spektakulär inszenierte Thronjubiläen und sogar den eigenen Beerdigungszug dazu nutzte, die Monarchie und ihre oberste Repräsentantin allen ins Gedächtnis zu rufen. Der wurde nämlich schon 1901 gefilmt. Je geringer die politische Macht des Staatsoberhauptes wurde, desto bedeu-

Im Juli 1928 fotografierte Marcus Adams die zweijährige Elizabeth für das Cover des *Tatler*.

tender wurde die Sichtbarkeit der königlichen Familie. Der Grat zwischen der Nahbarkeit des Monarchen, wie es Alexa Geisthövel genannt hat, mithilfe der Medien und dem mystischen Gottesgnadentum, das die Königswürde begründet, war und ist schmal.

Als Elizabeth Alexandra Mary am 20. April 1926 als erste Tochter des Herzogs von York das Licht der Welt erblickte, war sie zwar noch nicht die tatsächliche Thronerbin, aber immerhin doch eine mögliche. Ihr Onkel David, der spätere Edward VIII., machte keine Anstalten zu heiraten, und so schien es zumindest nicht ganz unwahrscheinlich, dass die zu diesem Zeitpunkt auf Platz drei der Thronfolge rangierende Prinzessin eines Tages den Thron besteigen würde, solange kein Bruder sie auf die hinteren Ränge verwies. Schon als Kleinkind war sie das bekannteste Baby der Welt. Princess Elizabeth zierte Titelseiten vom *Tatler* bis zum *TIME Magazine*. Bereits 1930 erschien ihre erste Biographie. Zudem saß die kleine Prinzessin als Wachsfigur auf einem Pony bei Madame Tussauds, wo das Publikum ihr lebensechtes Modell ganz aus der Nähe als für immer niedliche Vierjährige bestaunen konnte. Ihr Onkel gab ihr wohl nicht zufällig den Spitznamen Shirley Temple.

Ihre Mutter unterstützte die Medienpräsenz ihrer Tochter und gab für Bücher wie *The Princesses and their Dogs* sogar Bilder aus dem privaten Familienalbum her, erzählt der Journalist Thomas Kielinger. Die Familie des Herzogs von York lieferte die Hochglanzbilder einer glücklichen, einfach lebenden Bilderbuchfamilie aus dem Hochadel, die der eigentliche Thronerbe nicht bieten konnte oder wollte. Für deren visuelle Vermarktung sorgten die spätere Queen Mum und die von ihr engagierten Hoffotografen, seit ihre erste Tochter auf der Welt war. Lilibet, wie die Königin im Familienkreis genannt wurde, und ihre Schwester Margaret waren die niedlichen Repräsentantinnen der britischen Monarchie. In einfachen Kleidern wurden sie mit ihren Corgis und Ponys oder in ihrem walisischen Spielhaus abgebildet oder gleich durch die Stäbe des Gartenzaunes um ihren Londoner Wohnsitz Piccadilly 145 persönlich bestaunt. Dass nun ein ›einfacher‹, privater Lebensstil vorgeführt wurde, lag auch daran, dass das Publikum mittlerweile Vergleichsbilder und -vorstellungen hatte, die dem Novum einer Medialisierung der gesamten Gesellschaft zu verdanken waren.

Seit Queen Victoria waren die Windsors, wie sich das Haus Hannover seit 1917 nannte, wie gesagt auf dem Weg in die Medienmonarchie; unter George V. nahm diese Entwicklung dank der technischen Möglichkeiten Fahrt auf. Sichtbarkeit war in einer zunehmend medialisierten Gesellschaft gewissermaßen die neue Währung der Monarchie. Deshalb wurden Familienereignisse unter George V. fast immer öffentlich zelebriert, seit 1922 fanden etwa königliche Hochzeiten vor Publikum statt. Als die Eltern der Queen heirateten, wurden »Hörbilder« der Trauung im Radio gesendet. Sichtbarkeit wurde für die königliche Familie auch deshalb immer wichtiger, weil seit 1918 alle Männer sowie viele Frauen und seit 1928 alle Frauen wählen durften. Das politische Gefüge verschob sich zugunsten der tendenziell monarchiekritischen Labour Partei und zu Ungunsten der Liberalen. Öffentliche Feierlichkeiten gaben der königlichen Familie die Gelegenheit, so Cannadine, »königliche, individuelle und nationale Familie« miteinander zu verschmelzen. Die britischen Medien hätten sich daran »willfährig« beteiligt, allen voran die BBC. Auch königliche Witwen, nicht nur die Staatsoberhäupter, wurden nun vor aller Augen beerdigt, von Königin Alexandra im Jahre 1925 bis hin zu Queen Mary 1953 und Queen Mum 2002. Die Beerdigung von Prince Philip 2021 fand ebenfalls öffentlich statt. »Jede größere Festlichkeit wurde live übertragen, wobei speziell dafür aufgestellte Mikrophone dafür sorgten, daß Glocken, Pferde und Kutschen und die Jubelrufe gut zu hören waren«, berichtet der Historiker Cannadine. Dabei waren auch die populären Komponisten der Gegenwart im Einsatz: Edward Elgar wurde Hofkomponist, Gustav Holst und Ralph Vaughn Williams komponierten Musikstücke eigens für die Krönungen von George VI. und Elizabeth II.

Schon beim Thronjubiläum ihres Großvaters 1935 spielte Elizabeth Windsor nicht nur auf den entsprechenden Briefmarken eine sichtbare Rolle. Als es mit der Abdankung Edwards VIII. ernst wurde und die Prinzessin 1936 als Zehnjährige zur Thronfolgerin aufstieg, denn ein Bruder und damit vorrangiger Thronfolger war trotz all ihrer Gebete nicht in Sicht, wurde sie in dieser Krise der Monarchie zur royalen Hoffnungsträgerin. Zur Krönung ihres Vaters im Mai 1937 fuhren die beiden Prinzessinnen gut sichtbar in einer gläsernen Kutsche, von der königlichen Loge aus beobachteten sie die Zeremonie an der Seite ihrer Großmutter Queen Mary (1867–1953). Die Krönung des Vaters diente der repräsentativen Selbstvergewisserung der Stärke Großbritanniens und seines Empires. Sie wurde von der BBC nicht nur im Radio übertragen, sondern auch in Teilen gefilmt. Dazu nutzte der Sender seine allererste, extra gelieferte Außenübertragungseinheit und drei Kameras. 10 000 Menschen sahen nach Angaben der BBC deren Bilder. Auch Amateure filmten derlei Ereignisse und nahmen die Aufnahmen mit zu sich nach Hause. Die technische Entwicklung machte es laut Cannadine möglich, einen königlichen Repräsentationsakt in eine nationale Familienfeier zu verwandeln, und diese Beobachtung gilt weit über das Medium Radio hinaus. Mit Erfolg: Die BBC registrierte Rekordeinschaltquoten.

Bei der bildlichen Vermarktung der königlichen Familie standen der Mutter der Queen (ebenfalls eine Königin namens Elizabeth) nicht nur die Fotografin Lisa Sheridan mit ihrem »Studio Lisa« zur Seite, die vor allem das zwanglosere Familienleben in der Royal Lodge in Windsor abbildete, sondern mit Cecil Beaton auch ein absoluter Meister seines Fachs. Beaton wurde der Hoffotograf des neuen Monarchen und inszenierte die königliche Familie in weichem, schmeichelndem Licht. So konnte die den Anspruch erfüllen, den der Historiker Simon Schama zum Maßstab royaler Darstellung erklärt hat, nämlich sich zugleich dynastisch und häuslich, unnahbar und zugänglich, magisch und weltlich zu zeigen. Fotografien der Prinzessinnen waren noch begehrter, seit Prinzessin Elizabeth auf Platz eins der Thronfolge rangierte. Ihr Geburtstag wurde zum nationalen Ereignis, jeder Theaterbesuch war von einem Schwarm Fotografen begleitet.

Im Zweiten Weltkrieg wurden die Prinzessinnen vom Informationsministerium entweder als zwei bescheidene Mädchen inszeniert, die auf Windsor Castle tapfer die Trennung von ihren Eltern, die London nicht verlassen wollten, ertrugen, oder man zeichnete das Bild einer Familie, deren Corgi- und Landhausidylle die Diktatoren der Welt nichts anhaben konnten. Nicht nur die Eltern, auch die Töchter leisteten einen sichtbaren Beitrag zu den Kriegsanstrengungen: Die Prinzessinnen strickten Socken für die Soldaten und gaben ein Benefizkonzert, um Wolle dafür kaufen zu können. Der Geburtstagskuchen für die 14-jährige Elizabeth fiel 1940 klein aus, denn auch die königliche Familie beteiligte sich an den kriegsbedingten Sparmaßnahmen. Ihre erste Radioansprache im Oktober 1940 im Kinderprogramm der BBC, die in den USA, Neuseeland und Kanada gesendet wurde, entsprach dieser etwas süßlichen Darstellung. Sie richtete sich an die Kinder, die wegen der deutschen Bombenangriffe ins Ausland geschickt worden waren und dort in Gastfamilien lebten. Ganz im Sinne Schamas stelle Elizabeth über den Äther eine Beziehung zwischen den Erfahrungen der Kinder und ihren eigenen her. Winston Churchills Tochter Diana Sandys sagte ihr wegen ihrer Stimme eine große Zukunft als Radiokönigin voraus, doch ihr zentrales Medium sollte nicht das Radio werden.

Als junge Erwachsene bot Prinzessin Elizabeth Anfang 1945 noch ein ganz anderes Bild, als sie bei der Frauenabteilung der britischen Armee, dem *Auxiliary Territorial Service*, eine Ausbildung zur Automechanikerin machte und man sie in Uniform oder im Blaumann mit Werkzeug in der Hand über einen Motor gebeugt sehen konnte. Die Thronfolgerin beteilige sich – wie zahlreiche ihrer Altersgenossinnen – aktiv an den Aufgaben, die der Zweite Weltkrieg auch an Frauen stellte, so die vermittelte Botschaft. Am *Victory Day*, dem 8. Mai 1945, zeigte sich die künftige Oberbefehlshaberin der Streitkräfte auf dem Balkon des Buckingham Palastes in Uniform der jubelnden Menge. Später mischte sie sich mit ihrer Schwester unbemerkt unter die Feiernden, die sie ohne Eltern und Corgis vielleicht nicht erkannten.

Als sie volljährig wurde, erhielt Elizabeth nicht den Titel Prinzessin von Wales, weil dieser der männlichen Erbfolge vorbehalten war. Da sie zu dieser Zeit mit den Eltern nach Südafrika reiste, wurde der Geburtstag wiederum öffentlich im Radio gefeiert. Von Kapstadt aus versprach die 21-jährige Elizabeth 1947 ihren künftigen ›Untertanen‹ in Großbritannien wie im Commonwealth, ihnen ihr ganzes Leben zu widmen, und bat sie dafür um ihre Unterstützung. Sie könne zwar nicht das Motto der Prinzen von Wales »Ich dien« annehmen, aber die Radiotechnik ermögliche es ihr, ihren »Akt der Hingabe« (wie sie ihre Ansprache nannte) vor dem ganzen Empire zu sprechen.

Die Methode, ihre ›Untertanen‹ über die Medien anzusprechen, hatte Elizabeth zwar nicht erfunden – schon ihr Großvater nutzte das Radio, genauso trotz seiner Sprechstörung ihr Vater – aber sie tat es konsequenter. Zudem kommunizierte sie in ihrem langen Leben als Staatsoberhaupt stets in den jeweils neuesten Medien, vom Fernsehen bis hin zu Twitter, Instagram und Zoom. Ihre Hochzeit wurde 1947 – wie schon die der Eltern 25 Jahre zuvor – ebenfalls im Radio übertragen, die Vermählung kam zudem als Film in die Kinos. Sichtbar wurden so nicht nur die schöne Braut und ihr gutaussehender Bräutigam, sondern auch ein anderer, der großen Einfluss auf die königli-

Die 18-jährige Princess Elizabeth als Automechanikerin im April 1945.

che Inszenierung hatte: Norman Hartnell, der das Hochzeitskleid entworfen hatte und in den kommenden Jahren für glamouröse Auftritte der Königin und ihrer Schwester sorgen würde. Hartnell zeichnete 1953 auch für die Krönungsrobe verantwortlich.

Viele Zeitgenossen feierten die Krönung der neuen Königin am 2. Juni 1953 in der Westminster Abbey als den Beginn eines neuen elisabethanischen Zeitalters; die Monarchie erschien ihnen als Garantie für Stabilität und nationales Prestige. Das Interesse am Medienereignis Krönung war riesengroß. 20,4 Millionen Menschen verfolgten allein in Großbritannien die Fernsehübertragung der Zeremonie, das war über die Hälfte der erwachsenen Bevölkerung des Landes. Die Zahl der Briten mit einer Fernsehlizenz der BBC verdoppelte sich auf mehr als drei Millionen. Viele liehen sich Geräte, andere schauten in Pubs oder bei Freunden zu. Waren es 1937 noch drei Kameras gewesen, wurde die Krönung der neuen Königin nun von mehr als zwanzig gefilmt, weltweit nahmen 300 Millionen Menschen daran Anteil. Ein Medienereignis entsteht laut den Medienwissenschaftlern Daniel Dayan und Elihu Katz erst dann, wenn das Publikum sich nicht nur zuschaltet, sondern sich auch auf die gebotene Inszenierung einlässt und sich dem dank technischer Übertragung zugänglichen Ereignis zugehörig fühlt. Das Medienereignis Krönung stelle nicht nur eine der Realität entrückte Tradition dar, sondern rege zugleich zur Teilnahme an. Das gelang bei der prunkvollen Krönung der jungen Königin, obwohl das Publikum den Moment der Salbung, die den göttlichen Willen als Herrschaftsbegründung symbolisiert, nicht sehen durfte. Obwohl oder vielleicht gerade weil die stundenlange Zeremonie der Realität entrückt war, blieb das Publikum dabei, vor dem Bildschirm wie auf den Straßen, zumal es durch das Singen der Hymne und der Choräle sowie durch Gebete in die Rituale des Gottesdienstes aktiv eingebunden war. Bei den Straßenfesten wurde später das Krönungsgericht Curryhühnchen gemeinsam verspeist, das sogenannte *coronation chicken.*

In Großbritannien bot die Zeremonie zudem ein Gegenbild zur kargen Nachkriegszeit und Austeritätspolitik. Die Krönung der jungen schönen Königin, auf deren Robe die Symbole der zu diesem Zeitpunkt elf Staaten des Commonwealth gestickt waren, zelebrierte nicht nur die britische Monarchie, sondern zum letzten Mal in diesem Maße auch das Empire und damit das Vereinigte Königreich als Großmacht. Zwar wurde

Fernsehbild der Krönung von Elizabeth II. am 2. Juni 1953. Vor ihr steht der Erzbischof von Canterbury, zu ihrer Rechten bzw. Linken stehen der Bischof von Bath und Wells bzw. der Bischof von Durham.

Elizabeth II. nicht mehr zur »Kaiserin von Indien« oder zur »Herrscherin der Dominions« gekrönt, doch noch war das Empire weitgehend intakt. Das zeigte sich auch in Gestalt der Gäste und ihrer Platzierung; zudem wurde das Empire bei der militärischen Parade nach der Zeremonie effektvoll in Szene gesetzt. Wie schon 1937 wurden anlässlich der Krönung im gesamten Empire Bäume gepflanzt, auch die seit 1935 zu royalen Ereignissen etablierten Sonderbriefmarken taten für Elizabeth II. ihr übriges. Dass am Krönungsmorgen bekannt wurde, Sardar Tenzing Norgay und Edmund Hillary sei die Erstbesteigung des Mount Everest gelungen, verlieh dem Ereignis eine zusätzliche imperiale Dimension.

Die Verflechtung von Monarchie, Commonwealth und Empire wurde auch durch die Royal Tour der Königin und ihres Prinzgemahls sichtbar, zu der die beiden im November 1953 aufbrachen. Bilder in den Wochenschauen zeigten den überwältigenden Empfang des Paares in Australien genauso wie die Einweihung des Owen-Falls-Staudamms in Uganda. Als die Königin per Knopfdruck die Schleusentore des Bauwerks am Viktoriasee öffnete, ergossen sich auf den Filmbildern effektvoll die Wassermassen in das Staubecken. Die *Times* fragte begeistert, wer es sich wohl jemals habe träumen lassen, dass eine Königin von England (!) einst den Lauf des Nils kontrollieren könne – eine imperiale Phantasie der Naturbeherrschung, die nahtlos an die anlässlich der Royal Tour produzierten Bilder eines noch intakten Empires anknüpfte.

Zum zentralen Medium der Königin wurde jedoch das Fernsehen. Sie nutzte es seit dem 25. Jubiläum der Weihnachtsansprache – 1932 hatte George V. sie eingeführt, angeregt hatte sie kein Geringerer als der Gründer der BBC, John Reith. Der Wechsel vom Radio zum Fernsehen war 1957 auch eine

Reaktion auf die beißende Kritik von John Grigg (Lord Altrincham) in der Zeitschrift *National and English Review*. Die besagte im Kern, die Monarchie und ihre höchste Vertreterin dürften sich nicht einfach auf die Bewunderung der Bürgerinnen und Bürger verlassen, sondern müsse sich um diese bemühen, und zwar mit anderen Mitteln als bisher. Wie sich die Königin in ihren Reden präsentiere, sei höchst reformbedürftig, genauso seien klassistische Rituale wie die Präsentation von Debütantinnen mehr als fragwürdig. Die Monarchie müsse offener und weniger aristokratisch werden – Aussagen, für die Grigg zwar von einem Royalisten verprügelt und in der Presse heftig angegangen wurde, die bei Hofe jedoch durchaus auf offene Ohren stießen. Noch im November 1957 verkündete der oberste Hofbeamte, die sozial exklusive Praxis, adelige Debütantinnen bei Hof zu präsentieren, werde abgeschafft. Stattdessen wolle man künftig mehr Menschen in den Buckingham Palast einladen. Darunter waren nun auch Popstars. Als in den 1960er Jahren die Beatlemania aufkam, wollten selbst die Windsors daran teilhaben. Die Königin bat die jungen Männer aus Liverpool zum Tee in den Palast und verlieh ihnen 1965 den Orden *Member of the British Empire* – eine Ehre, die John Lennon zunächst annahm, 1969 gab er den Orden aber wieder zurück.

Zu Weihnachten 1957 sahen 16,5 Millionen Menschen die Ansprache der Queen im Fernsehen. Seit 1967 erschien die Königin auch in Farbe in den Wohnzimmern all jener, die sich zuschalten mochten, 1987 waren das 28 Millionen, ein Rekord. Zunächst fand die Sendung live statt, was der Königin einiges an Probenarbeit abverlangte, von 1960 an wurde die Ansprache jedoch aufgezeichnet. George V. hatte sich in den Ansprachen als Vater der Nation präsentieren können, eine Inszenierung, die zumindest der jungen Königin verwehrt blieb. Aber sie nutzte die Fernsehansprachen, um eigene Akzente zu setzen; es war der einzige Moment im Jahr, in dem sie sich direkt an ihre ›Untertanen‹ wandte. 1965 lobte sie deren ehrenamtliches Engagement; 1966 erklärte sie, Frauen hätten sich – fast 50 Jahre nach der Einführung des Wahlrechts – ihren Platz im öffentlichen Leben selbstverständlich verdient, und zwar aus eigener Kraft. Damit reagierte sie nicht nur darauf, dass sich die gesellschaftliche Teilhabe und die Gleichstellung von Frauen verbesserte (sichtbar etwa durch die Berufung von Elizabeth Lane, der ersten Richterin, an das oberste Gericht des Landes), sondern auch auf die Kritiker dieser Entwicklung. Als sie 1983 über das Missverhältnis zwischen armen und reichen Ländern sprach, wurde das vermutlich zu Recht als Kritik an Thatchers Südafrikapolitik gelesen (vgl. das Kapitel »Die Queen global«). Bis 1993 hatte die BBC ein Monopol auf die Sendung, danach musste sie sich das Übertragungsrecht mit dem kommerziellen ITV-Sender teilen. Seit 2007 sind die Ansprachen auch als Podcast zu haben.

Nicht immer war die Fernsehübertragung ein gelungenes Mittel königlicher Selbstdarstellung. Als die Schwester der Königin, Prinzessin Margaret, 1960 Anthony Snowdon heiratete, wurde erstmals eine königliche Hochzeit im Fernsehen gezeigt. Allerdings gab die Königin als Schwester der Braut gar kein gutes Bild ab, wie die Publizistin Ingrid Seward beschreibt. Zwar strahlte die Braut in einem Kleid von Norman Hartnell, angetan mit der extra für diese Gelegenheit erworbenen Poltimore Tiara, in der ihr Mann sie später in der Badewanne ablichten sollte. Doch die Königin wirkte aus der Sicht vieler der 300 Millionen Zuschauenden, als wäre sie lieber anderswo, statt sich für die Schwester zu freuen, die nun endlich

Die erste Fernsehansprache der Queen zu Weihnachten 1957.

ihr Glück gefunden zu haben schien. Mit der Medienmonarchie kam die Erwartungshaltung auf, die *royals* müssten halten, was sie stillschweigend versprochen hatten: nämlich die richtigen Gefühlsregungen zum jeweiligen Ereignis auch öffentlich zu demonstrieren.

Auch der Dokumentarfilm *Royal Family*, der unmittelbar vor der Investitur von Charles zum Prince of Wales im Juni 1969 in der BBC und etwas später auf ITV gesendet wurde, zeigt diese Grenzen des Machbaren auf. Er war Ausdruck einer neuen Pressepolitik, die der Australier William Heseltine 1968 in den Palast mitgebracht hatte. Seine Strategie war es, die

Presse und das Fernsehen stärker einzubinden, anstatt sie wie bisher möglichst aus dem königlichen Leben herauszuhalten. *Royal Family*, für den 43 Stunden Filmmaterial eines gesamten Jahres auf 90 Minuten königliches Alltagsleben zusammengeschnitten wurden, war laut Ben Pimlott ein Versuch der Windsors, das Fernsehnarrativ selbst in der Hand zu behalten. Das Ziel war, die königliche Familie als Menschen zu zeigen. Dies gelang zwar, etwa durch die Grillszenen in Balmoral, die den Thronfolger Charles als jungen Mann beim Anrichten vom Salat zeigten, oder die Enthüllung, dass Tupperware auch im royalen Haushalt beliebt war. Aber letztlich sahen 38 Millionen Menschen im Vereinigten Königreich und 350 Millionen weltweit ein Mischmasch aus öffentlichen Auftritten und privaten Familienszenen, die lediglich zeigten, wie die königliche Familie *gesehen werden wollte*. Der Film enttabuisierte zudem das Medieninteresse am Privatleben der Royals weiter und öffnete der Neugier auf die entmystifizierte, private Seite der königlichen Familie Tür und Tor. Möglicherweise war das ein Grund dafür, warum der Film von 1977 an nicht mehr gezeigt wurde. Ausschnitte fanden dennoch ihren Weg in weitere Dokumentationen, 2021 wurde der Film auf YouTube geleakt.

1970 wurden die königlichen *Walkabouts* eingeführt, bei denen die jeweiligen Mitglieder des Königshauses bei ihren Besuchen ein Stück ihres Weges zu Fuß zurücklegen, sodass wartende Menschen mit ihnen ins Gespräch kommen sowie Geschenke überreichen können und mit einigen Royals neuerdings auch Selfies machen dürfen. Die *Walkabouts* waren eine schlaue Strategie, um die monarchische Präsenz und Nahbarkeit zu erhöhen. Eine andere war die öffentliche Verleihung von Ämtern (Investitur). Bei diesen Investituren handelt sich um eine erfundene Tradition im Sinne der Historiker Eric

Cecil Beatons Porträt *Elizabeth II.* von 1968.

Hobsbawm und Terence Ranger erster Güte, wie die folgenden beiden Beispiele zeigen.

Im Juli 1967 schlug die Königin den Weltumsegler Francis Chichester in Greenwich öffentlich zum Ritter, und zwar mit dem Schwert, mit dem ihre Namensvetterin 1580 Francis Drake so geehrt hatte. Nicht von allen Kommentatoren wurde diese Form der Traditionsbildung goutiert. Gleiches galt für die Investitur von Prince Charles in Caernafon Castle, eine Zeremonie, die sein Großvater George V. 1911 für den späteren Edward VIII. wieder eingeführt hatte, samt der entsprechenden eigens angefertigten Regalia. Der damals 16-jährige Prinz hatte gegen das pseudomittelalterliche Kostümschauspiel heftig protestiert. Für Charles wurde im Grunde die Veranstaltung von 1911 kopiert, dazu ersann Lord Snowdon einen Baldachin aus Plexiglas, damit die Fernsehkameras den Moment gut einfangen konnten, in dem der Prinz sich auf Knien zum Lehnsmann seiner Mutter erklärte. Dafür wurde er mit einer extra designten Krone belohnt, denn die von 1911 war verschwunden. Sein Großonkel hatte sie wohl beim Gang ins Exil mitgehen lassen, zumindest wurde sie 1972 in dessen Nachlass wieder aufgefunden.

Die Erfindung dieser Tradition gilt gemeinhin als gescheitert, die Hälfte aller Menschen in Wales betrachteten sie gar als Zeitverschwendung. Die Investitur war begleitet von Anschlagsdrohungen, weshalb an einigen Stellen mehr Polizisten als Zuschauer die Straßen säumten. Zeitgenossen bewerteten das Ganze als ein Ereignis, das besser nicht stattgefunden hätte – vermutlich einer der Gründe, warum man für Prinz William stillschweigend darauf verzichtet hat. Er fand sich stattdessen mit seiner Familie zu einem Besuch in Wales ein, inklusive *Walkabout* mit seinen beiden ältesten Kindern.

All dies fand zu einer Zeit statt, als die Finanzierung der Königsfamilie unter der Labour-Regierung öffentlich diskutiert wurde (dazu mehr im nächsten Kapitel) und die Königin samt ihrer Familie in Beweisnot geriet, in Zeiten einer Wirtschaftskrise jene öffentlichen Mittel auch wert zu sein, die für sie erhöht werden sollten. Großbritannien befand sich im Umbruch: In Schottland und Wales wurden die monarchiekritischen Nationalbewegungen stärker, 1973 trat das Vereinigte Königreich der Europäischen Gemeinschaft bei, und die Dominions lösten sich zunehmen von der Westminster-Verfassung. Mit Kritik an der königlichen Familie ließen sich die Blätter der Regenbogenpresse bestens verkaufen. Diese Erkenntnis war ein Vorbote der graduellen Aufkündigung der jahrelangen Pressepraxis, über die Monarchie nur positiv zu berichten, so Pimlott. Zugleich verlagerte sich das Medieninteresse hin zur jüngeren Generation. Da Anne bereits 1973 geheiratet hatte, standen bei der Berichterstattung über sie sportliche Errungenschaften im Vordergrund, vor allem bei Charles (und später auch bei seinem Bruder Andrew) ging es aber vorrangig um mögliche Heiratskandidatinnen.

Zum Silbernen Jubiläum schlugen sich die Medien jedoch noch einmal geschlossen auf die Seite der Queen, als die Punkband Sex Pistols ihr ein Ständchen brachte, das von allen Radiostationen boykottiert wurde. Das hatte jedoch den gegenteiligen Effekt eines Verbots, denn die Bekanntheit der Band schnellte wie die Honorarsummen ihrer Plattenverträge in die Höhe. Trotz der Diskussionen über die Finanzen des Königshauses wurde das Jubiläum vor allem dank der Straßenfeste ein voller Erfolg, ein regelrechtes Jubiläumsfieber brach aus. Die Königin schien außerhalb der Kritik an der Monarchie zu stehen. Doch das Jubiläum markierte auch das Ende einer Berichterstattung, in der die königliche Familie stets eine Art Welpenschutz genossen hatte. Wie über die königliche Familie berichtet wurde, änderte sich nun deutlich, erzählt Ben Pimlott. Nicht zuletzt die Medienpräsenz der Ehen von Prince Charles und Prince Andrew in den 1980er und 1990er Jahren zeigt den schmalen Grat, auf dem sich massenmediale Selbstdarstellung von Royals in Konfliktsituationen bewegt.

Besonders die 1981 weltweit von 750 Millionen Menschen verfolgte Hochzeit von Prince Charles mit Lady Diana Spencer wurde zunächst als Traumhochzeit verkauft, doch schon bald zeigten sich Risse im Idyll. Die Regenbogenpresse unterstützte die königliche Familie nicht länger bei dem Versuch, diskret zu sein, sondern verbreitete Gerüchte über die Essstörungen der Princess of Wales genauso wie jene über Ehestreitigkeiten und mögliche Affären. Ihre Privatsphäre wurde nicht länger gewahrt, Paparazzi schossen Fotos der schwangeren Diana im Bikini, berichteten ausführlich über Andrews Liebschaften oder verliehen Anne den Titel ›Königlicher Rüpel‹ (*Royal Rudeness*). Sarah Ferguson, die 1986 Prince Andrew geheiratet hatte, war als royaler Trampel ebenfalls ein gefundenes Fressen für die Tabloids.

Daran waren die jüngeren Mitglieder der königlichen Familie selbst nicht unbeteiligt. Die von Prince Edward gegen den Willen der Queen und ihres Pressechefs produzierte Fernsehshow *The Royal Knockout* präsentierte Anne, Edward, Andrew und Fergie 1987 als das Gegenteil von *public service monarchs.* Obwohl die Show eine Million Pfund für Wohltätigkeitsorganisationen einspielte, wirkten die Teilnehmenden bis auf Anne wie deplatzierte Witzfiguren in einer albernen Kostümspielshow. 1992, in dem Jahr, das die Queen als *annus horribilis* bezeichnete, stand nicht ihr 40-jähriges Thronjubiläum, sondern die gescheiterten Ehen ihrer Kinder Charles, Anne und Andrew im Zentrum der Medienaufmerksamkeit. Zwar feierte der Hofpoet – inzwischen war es Ted Hughes – in seinem Festgedicht, wie eng verflochten das Leben der Königin mit jenem der Bevölkerung sei. Doch die »*True Story*« von Diana, in der Andrew Morton 1992 die (psychische) Leidensgeschichte der Princess of Wales erzählte, und das schlüpfrige »Camillagate«-Telefonat, in dem der Prince of Wales Details seiner Affäre mit Camilla Parker-Bowles offenbarte, waren vermutlich einfach interessanter als vierzig Jahre Dienst am Volk.

Die *Times* resümierte, die Königin bekomme nun wohl ein Jahrzehnt der Medienberichterstattung über ihre Schwiegertochter Diana zu spüren, die viel Aufmerksamkeit auf sich konzentrierte. Zugleich konnte sich die königliche Familie nun endgültig nicht mehr als moralisches Rollenmodell verkaufen – zumindest nicht in der Generation der Kinder der Queen. Die von der BBC produzierte Dokumentation *Elizabeth R* konzentrierte sich hingegen auf die pflichtbewusste Regentin und zeigte idyllische Szenen aus Balmoral, blendete dabei jedoch Konflikte vollkommen aus. Und die bestanden auch abseits der königlichen Trennungen, denn die Debatte darüber, warum Königin und Thronfolger keine Einkommensteuer auf Gewinne aus ihrem beträchtlichen Privatvermögen zahlen mussten, war in vollem Gange, vor allem, seit das Buch *Royal Fortune* von Philipp Hall diese Steuerbefreiung als erst von George V. erfundene Tradition aufgedeckt hatte. Am Ende des Jahres verkündete die Queen, sie und ihr Sohn würden von 1993 an freiwillig Einkommenssteuer zahlen.

Die beiden vielbeachteten Fernsehinterviews – das von Charles 1994, in dem er seinen Ehebruch gestand, und das aus dem Jahr 1995 von Diana, in dem sie ihre Zeit in der Königsfamilie als Leidensgeschichte erzählte –, bildeten den vorläufigen Höhepunkt der Bereitschaft zur privaten Selbstauskunft. Sie standen in deutlichem Gegensatz zur Maxime der Queen, die sie von ihrer Mutter übernommen hatte: *Never complain, never explain.* Sich weder zu beschweren noch zu erklären war der Leitstern, an dem sie ihre Informationspolitik bezüglich privater Themen ausrichtete. Die Schlacht ging öffentlich zugunsten der Princess of Wales und zu Lasten der Monarchie aus – einzig die Queen wurde in Umfragen Mitte der 1990er Jahre noch positiv beurteilt.

Nach dem Unfalltod der Princess of Wales Ende August 1997 geriet auch diese Zustimmung gefährlich ins Wanken. Dianas Wahrnehmung und auch Selbstdarstellung als »*People's Princess*« wurde durch ihren Tod noch verstärkt, der von vielen als großer Verlust empfunden wurde. Davon zeugten die 1,3 Millionen Blumensträuße, die nicht nur in London niedergelegt wurden, genauso wie die spontanen Trauerbekundungen, zu denen sich Menschen auf der Straße zusammenfanden. Das Fernsehen begann, diese Trauerbekundungen zu filmen und Trauernde zu befragen, was wiederum andere anregte, es ihnen gleichzutun. Die Königin weilte zu dieser Zeit wie in jedem Jahr auf Balmoral und sah sich nicht zu einem öffentlichen Auftritt, sondern zur Fürsorge für ihre beiden Enkel verpflichtet. Von der öffentlichen Trauer um ihre ehemalige Schwiegertochter und deren dynamischer Entwicklung bekam sie lange nichts mit. In ihrem Schweigen schien sich jedoch ihr ›wahres Ich‹ zu zeigen. Die vermeintlich kalte Königin wurde der fürsorglichen, den Menschen zugewandten Diana gegenübergestellt und konnte dabei nur verlieren. Der gerade ins Amt gewählte Premierminister Tony Blair (Labour) war es, und nicht Buckingham Palace, der symbolische Handlungen zur Anerkennung dieser Massentrauer veranlasste. Die Hofbeamten wollten sie nicht gewähren – sie weigerten sich etwa, die königliche Flagge auf dem Buckingham Palace auf Halbmast wehen zu lassen, die Queen sei schließlich in Schottland und nicht in London.

Downing Street, der Palast und die Familie Spencer organisierten dann den öffentlichen Trauergottesdienst gemeinsam. Auch die Rede der Königin, die am 5. September ausgestrahlt wurde und die öffentliche Meinung wieder auf die Seite der Monarchie brachte, wurde von Blairs Mitarbeitern redigiert. Dass Elizabeth II. ihre ausnahmsweise live aufgezeichnete Ansprache ausdrücklich »als Großmutter« hielt, ist Alistair Campbell, einem Berater Blairs, zu verdanken. Die Beerdigung der Prinzessin sahen weltweit 2,5 Milliarden Menschen im Fernsehen. Den Sarg begleiteten neben den männlichen Familienmitgliedern, was auch den beiden noch jungen Söhnen aufgebürdet wurde, nicht wie sonst üblich Soldaten, sondern Vertreterinnen und Vertreter jener Wohltätigkeitsorganisationen, deren Schirmherrin sie gewesen war. Diana Spencer wurde gewissermaßen als menschlichere Vertreterin der *public service monarchy* zu Grabe getragen, ihre Überhöhung als Königin der Herzen knüpfte dabei an bereits etablierte Leidenserzählungen von Queen Caroline (1768–1821) und Königin Luise (1776–1810) von Preußen an, die zu Beginn des 19. Jahrhunderts ebenfalls als Königinnen der Herzen galten.

Gerade die 1990er Jahre machten deutlich, dass sich die Presse nicht einfach in den Dienst der Krone stellen ließ, sondern sich das Mediale verselbständigt und das Inszenatorische aller Übermittlungsformen zumindest in Teilen mitbestimmt. Der Tod der Prinzessin von Wales zeigte die Eigenständigkeit jener Medien, die man zu instrumentalisieren geglaubt hatte.

Zugleich wurde die gesellschaftliche Forderung nach Authentizität und öffentlich nachvollziehbaren Gefühlsregungen in der öffentlichen Wahrnehmung deutlich.

Dennoch war die britische Monarchie erstaunlich resilient. In den Jahren bis zum goldenen Thronjubiläum wendete sich das Blatt wieder: Prinz Edward heiratete, und Australien entschied sich 1999 qua Referendum gegen eine Abschaffung der Monarchie, worauf niemand mehr gehofft hatte. 2002 war das genaue Gegenteil von 1992, im Band *Monarchies* der Zeitschrift *Demos* wird das Jahr gar als *annus mirabilis* bezeichnet. Dafür machen die Autoren vor allem die bessere PR-Arbeit des Palastes und die Reformen bezüglich der Besteuerung der Königin verantwortlich; ein weiterer Grund war der Tod der Queen Mum und die nationale Trauer um sie. Vierzehn Stunden standen die 500 000 Menschen an, die an ihrem Sarg in Westminster vorbeidefilierten. Dass die Queen kurz nacheinander ihre Schwester und ihre Mutter verloren hatte, schien die ›Sünden‹ der Vergangenheit in Vergessen geraten zu lassen. Selbst die mediale Erinnerung an die Leidensikone Diana war nach der Jahrtausendwende so weit verblasst, dass Camilla Parker-Bowles dank geschickter PR-Politik inzwischen als Partnerin des Kronprinzen akzeptiert war und beim Jubiläumskonzert 2002 in der Royal Box Platz nehmen konnte. Camilla und Charles konnten 2005 endlich heiraten, und im Jahr ihres 70. Thronjubiläums äußerte die Queen schließlich den Wunsch, Camilla möge als Gemahlin ihres Sohnes den Titel Königin (*Queen Consort*) erhalten.

Seit dem goldenen Thronjubiläum der Königin im Jahr 2002 waren alle weiteren Jubiläen sowie die Hochzeit ihres Enkels William 2011 Public-Viewing-Events, quasi eine Umkehrung jenes Fernsehereignisses, das die Krönung der Königin in die

Wohnzimmer gebracht hatten. Stattdessen sah man sich gemeinsam im Hyde Park oder auf Leinwänden an der Mall, der Straße zum Buckingham Palace, Konzerte und Trauungen an. Anders als beim Fußballspielen gibt es bei dieser Form der Gemeinschaftsstiftung fast nur Gewinner, wie Ruth Adams in *The British Monarchy on Screen* darlegt. Man kann Teil einer Menschenmenge sein, die singt, tanzt und jubelt, und sich die eigenen Erfahrungen gleich noch einmal im Fernsehen anschauen oder Augenblicke mit dem Smartphone festhalten. Zugleich könne man sich gar nicht vorstellen, dass es die königliche Familie, die solche Gefühle zu erzeugen vermag, einmal nicht mehr geben werde, erzählt eine der von Adams befragten royalen Fans. Die Begeisterung erstickte Kritik im Keim, Unbehagen an diesem Gefühlsdusel könne man kaum äußern, ohne ein Spielverderber zu sein, erzählt ein anderer Zuschauer.

Zu der Vermarktungsstrategie der Jubiläen gehören seit 2002 auch im Fernsehen übertragene bzw. gestreamte Popkonzerte. Die verwoben die eher traditionellen Elemente dieser Feiern mit Auftritten populärer beliebter Stars. Weil sie so unterschiedliche Geschmäcker bedienen, erreichen die Konzerte ein breites Publikum und sind zugleich eine neue erfundene Tradition, denn sie gehören seither zum festen Repertoire von Jubiläen, argumentiert die Kulturwissenschaftlerin Christina Jordan. Die *Party at the Palace* hat zudem ein inklusives Element, denn die Tickets werden jeweils verlost. 2022 wurden zudem Karten an in der Pandemie besonders wichtige Berufsgruppen und Mitglieder der Wohlfahrtsorganisationen verschenkt. Über das Public Viewing und den Livestream erreichten die Konzerte weltweit ein Publikum von 200 Millionen Menschen. Vermutlich bestärken diese Festlichkeiten jedoch eher all jene, die sich bereits als royale Fans verstehen, als dass sie neue hinzugewinnen.

2012 sangen Madness vom Dach des Buckingham Palace ausgerechnet ihren Arbeiterklassehit »Our House«, in dessen Video sie 1982 frech eben jenes Gebäude hineingeschnitten hatten, auf dem sie nun standen. Als Verneigung vor der Queen endeten die Sänger mit »One's House in the middle of our street« – eine ganz zutreffende Beschreibung der Lage des Palasts, wenn man weiß, dass die Queen von sich selbst häufig mit dem unpersönlichen Pronomen *one* (›man‹) sprach. Bei den Konzerten hielt der Prince of Wales jeweils eine Rede auf die Queen und dankte ihr im Namen der Nation für ihre Dienste. Bildprojektionen auf dem Palast untermalten seine Ansprache. Als er 2022 die Hoffnung äußerte: »maybe this year it really is coming home«, und damit auf den Klassiker des Fußballgesangs anspielte, war im Hintergrund zu sehen, wie die Queen 1966 im Wembley Stadion den Weltmeisterschaftspokal überreichte. Charles sollte Recht behalten, die *Lionesses* wurden Fußballeuropameisterinnen – wie schon 1966 unterlag ihnen erneut ein deutsches Team. Der Prinz verwob zudem Persönliches mit Offiziellem. Als er die Königin »Mummy« nannte, brandete Applaus auf. Immer wieder führte er ihre Rolle als Mutter und als Staatsoberhaupt zusammen, am deutlichsten vielleicht in der Phrase »was meine Mutter wirklich jeden Morgen zum Aufstehen bewegt, sind Sie alle, meine Damen und Herren«. Dass diese Form der Festlichkeit inzwischen etabliert ist, konnte man zuletzt bei der Krönung Charles III. beobachten, allerdings war das Staraufgebot deutlich kleiner als bei seiner Mutter. Auch sein Sohn William betonte erneut den Dienst des Monarchen an Nation und Commonwealth sowie an der Natur.

Im hohen Alter griff die Königin auch auf mediale Voraufzeichnungen zurück, um sich bei wichtigen Ereignissen zeigen zu können. Spektakulär ihr Auftritt im Kurzfilm *Happy and Glorious* bei den Olympischen Spielen im Sommer 2012, als sie sich von dem bekanntesten Mann im Dienste Ihrer Majestät – immerhin einer Medienfigur – zur Eröffnungsfeier begleiten ließ, verfolgt von den eifrigen Corgis Monty, Willow und Holly, die offensichtlich Fans von James Bond waren. Für einen Moment versetzte sie das Publikum hörbar in Angst und Schrecken, als es so aussah, als würde sie über dem Stadion mit einem Fallschirm aus dem Hubschrauber abspringen, denn der Stuntman trug das gleiche Kleid wie Ihre Majestät. Aber dann kam sie ganz brav zu Fuß auf die Tribüne, nur leider ohne 007. Vielleicht hütete der inzwischen ihre Corgis, die nämlich nicht mit ins Stadion durften. Am nächsten Tag wurde die 86-jährige Queen in der Presse für den Clip gefeiert – als das nächste Bond-Girl.

Beim Platinjubiläum hatte sie 2022 Paddington Bär zu Gast und bewies trotz sichtbarer Gebrechlichkeit ihren Witz. Stoisch beobachtete sie, wie ihr Gast direkt aus der Kanne trank und die Füllung der für die beiden angerichteten Cannoli verspritzte, bevor sie das Geheimnis um den Inhalt ihrer kantigen schwarzen Handtasche lüftete. Ein Marmeladensandwich, die Lieblingsspeise des Bären aus dem finstersten Peru, sei darin: »für später«. Damit stahl die Queen allen nachfolgenden Auftritten vor dem Palast die Show, und hätte sie nicht zwei Tage vor ihrem Tod noch Liz Truss zur Premierministerin ernennen müssen, wäre vielleicht dies für viele von uns das letzte Bild von der 96-jährigen Königin gewesen, wie sie mit glitzernden Augen ihre Handtasche öffnete, den Schalk im Nacken. Als sie am 8. September 2022 starb, wurden im ganzen Land Hunderte von Paddingtonfiguren für ihre letzte Reise niedergelegt. Eine Zeichnung, in der Paddington ihre Hand hält und sie ihn bittet, sie zu ihrem Gemahl Philip zu führen, ging um die Welt. Inzwischen hat Königin Camilla die Stofftiere reinigen lassen und einer Hilfsorganisation für Kinder gespendet – vielleicht auch als sichtbares Versprechen, die am Gemeinwohl orientierte Monarchie weiterführen zu wollen.

Die königliche Familie beziehungsweise ihre dafür verantwortlichen Angestellten bespielen die sozialen Medien auffallend souverän. Das Staatsoberhaupt hat seit 1997 eine eigene Internetseite (royal.gov.uk) und seit 2008 einen YouTube-Kanal. Als die Königin 2010 ihren ersten Tweet absetzte, wurde das groß inszeniert. Gemeinsam mit Instagram und dem Internetauftritt der Familie machte sie das zu Bildgeneratoren ihrer selbst. Dass die Queen umstandslos und gut gelaunt im Alter von 94 Jahren zu Beginn der Pandemie auf die Nutzung von Videokonferenzen umschaltete, bot die Gelegenheit, dies auch zu zeigen, etwa im Vorspann der Weihnachtsansprachen. Kate Middleton, inzwischen die Princess of Wales, fotografiert ihre Kinder stets selbst, was diesen Vorgang zum einen normalisiert und ihr zum anderen weitgehende Kontrolle erlaubt. Wenn man selbst kontinuierlich Material liefert, bleibt für Paparazzi wenig zu tun, zumindest, solange die Kinder noch nicht im Teenageralter sind.

Als die Queen ein Selfie der australischen Hockeyspielerinnen Jayde Taylor und Brooke Peris fotobombte und es schien, sie habe sich mit aufs Bild geschlichen, ging das Foto viral. Die Botschaft: Die Königin hat Humor. Später gab Taylor zu, sie habe das Selfie bewusst so inszeniert. Dennoch hatten es alle für möglich gehalten, dass die Königin sich diesen Spaß erlaubte. Überhaupt war und bleibt die Königin sehr memefähig.

Viele der durch die Beschriftung neu kontextualisierten Bilder und Fotos der Königin spielen auf ihr Alter an und auf die Empfindung, dass sie schon immer dagewesen sei. So wurde die Tasse der Tee trinkenden Königin mit dem Wortspiel »immortalitea« versehen. Ein anderes Foto, das sie gemeinsam mit ihrem schon in die Jahre gekommenen Sohn bei der Thronrede zeigt, wurde mit dem Text »wenn die Kita wieder zuhatte und du dein Kind mit zur Arbeit nehmen musstest« kommentiert. Auch im Paradies war die Queen schon vor allen anderen. Auf Adam und Evas Frage, wer denn diese Frau im Hintergrund (deutlich erkennbar die Queen) sei, antwortet Gott: »Keine Ahnung, sie war schon immer da.« Als Donald Trump zu Besuch war und die Königin in seiner ihm eigenen Art unhöflich behandelte, war das ein gefundenes Fressen für die Meme-Community, und James Bond wurde beauftragt, das Verschwinden des Präsidenten wie einen Unfall aussehen zu lassen. Die Bilder dazu hatte die Queen dank *Happy and Glorious* ja bereits geliefert.

Auch die Meme- und Hashtag-Tauglichkeit kann allerdings nach hinten losgehen. Das musste etwa Prince William erleben, über den via den Hashtag #PrinceOfPegging im Sommer 2021 Gerüchte verbreitet wurden, dass er eine seiner sexuellen Vorlieben außerhalb seiner Ehe befriedigen müsse. Nicht jedes royale Ereignis ist zudem für einen Livestream geeignet, wie etwa jener der eher langweiligen formalen Ernennung von Charles zum König im September 2022 beweist. Indem man der Ereignislosigkeit mediale Präsenz verleiht, erzeugt man noch lange keine royale Mystik. Und die ungehaltenen Gesten des neuen Königs beim Unterzeichnen in Richtung des Personals wirkten unsympathisch und wenig souverän. Möglicherweise verglichen ihn nicht wenige gar mit dem von Josh

O'Connor als wehleidig dargestellten Prinzen aus der vierten Staffel der Netflix-Serie »The Crown« und ließen sich also gerade nicht auf die angebotene Inszenierung ein.

Sichtbarkeit erzeugte die Königin nicht nur über Medien, sondern auch durch ihren Kleidungsstil. Obwohl sie als junge Frau in traumhafte Roben von Norman Hartnell gewandet war, war es doch vor allem die ältere Königin, die mit Unterstützung ihrer Schneiderin Angela Kelly in den 1990er Jahren einen unverwechselbaren *signature look* entwickelte. Meist trug sie Mantelkleider in kräftigen Farben, ausgehfertig mit passendem Hut, gemacht aus edlen Stoffen und mit raffinierten Details – wie etwa das azurblaue Kleid mit den weißen Blümchenapplikationen, das sie auf einer Teeparty zum Platin-Jubiläum trug, als sie beherzt mit einem säbelartigen Messer versuchte, ihren Kuchen anzuschneiden. Die kräftigen Farben trug die Queen, um in der Menge gut zu erkennen zu sein, und dafür griff sie 2017 bei der *Trooping-the-Colour*-Militärparade anlässlich ihres offiziellen Geburtstages am zweiten Samstag im Juni sogar zu Knallgrün.

Um die Kleider der Königin rankten sich Mythen. Bei einer Weihnachtsansprache trug sie 2016 ein petrolfarbenes Kleid mit schwarzem Kragen, das einer Star-Trek-Uniform so ähnlich sah, dass es die Herzen der Fans dieser Serie höherschlagen ließ. Nach dem Brexit war sie bei ihrer Thronrede zur Parlamentseröffnung mit einem blauen Hut mit gelb-blauen Blumen angetan, der an die europäische Flagge erinnerte, woraufhin sie klarstellen musste, es handele sich *nicht* um einen Kommentar zum Austritt Großbritanniens aus der EU. Wie sie tatsächlich zum Brexit stand, ist nicht bekannt, als neutrales Staatsoberhaupt durfte sie sich ja nicht äußern. Aber diese Farbkombination hätte es vielleicht nicht zwingend sein müssen, denn sie eröffnete Raum für Spekulationen. Zum Outfit der Königin gehörten stets auch Handschuhe, Broschen und die schwarze Kastenhandtasche, durch deren Platzierung sie angeblich ihrem Personal Signale gab, ob und wann sie eine Veranstaltung verlassen wollte.

Die Queen war nicht nur eine der am häufigsten fotografierten Personen des 20. und 21. Jahrhunderts, sie ist ihrem langen Leben auch häufig gemalt worden. Die Liste der Künstler reicht von Pietro Annigoni über Andy Warhol und James Reid bis hin zu Gerhard Richter. Eines der bekanntesten wie umstrittensten Porträts der älteren Königin stammt von dem englischen Maler Lucian Freud. Eine Fotographie von David Dawson in der National Portrait Gallery aus dem Jahr 2001 dokumentiert, wie der schon betagte Maler die nur wenig jüngere Königin porträtierte. Sie sitzt, die Krone auf dem Kopf, auf einem vergoldeten Stuhl in einem recht schäbigen Raum mit Rissen in der Wand. Ein wenig deplatziert wirkend blickt die Königin fast schüchtern den großen Maler an. Der zeigt sie als alte Frau, gekrönt und wie typisch zurechtgemacht. Dennoch geht die Darstellung des Malers unter die Haut in diesem ›Gemälde der Erfahrung‹, wie der Kunstkritiker Adrian Searle es nannte. Die Augen, von denen eines den Betrachter anblickt, das andere nach innen gewandt zu sein scheint, spiegeln die zwei Körper der Königin: den nach außen gewandten, unvergänglichen politischen Körper der Monarchin, markiert durch das geschmückte Haupt, und den vergänglichen natürlichen Körper, der sichtbar altert.

Die königliche Familie nutzte Medien erfolgreich, um sich selbst als Marke zu etablieren, was ihr auch dadurch gelang, dass sie gesellschaftlichen Wandel zu überbrücken wusste, indem sie sich selbst als Stifterin einer gemeinsamen Geschichte und Kultur inszenierte. Sie ermöglichte kollektive Erlebnisse durch die medial inszenierte Teilnahme an königlichen Ereignissen – zuletzt die lange Schlange zum aufgebahrten Leichnam, in die sich die Weltmeister im Anstehen bemerkenswert gelassen und durchaus heiter einreihten, sowie die verregnete Krönung von Charles III. Das Gefühl, dabei gewesen und selbst Teil der Geschichte zu sein, äußerten fast alle Zeitzeugen als Motivation für ihre Teilnahme. Außerdem verknüpften sie die Erinnerung an die Queen mit der Erinnerung an ihre eigenen Mütter und Großmütter. Deren royale Verehrung teilten sie zwar nicht unbedingt, sie bildete aber die Verbindung von königlicher und privater Familiengeschichte. Der Tod der Königin weckte nicht nur Erinnerungen an deren Leben, sondern auch an das von Personen aus dem eigenen Nahbereich. »Ich bin hier für meine Großmutter«, fasste es eine Frau vor dem Buckingham-Palast im September 2022 treffend in Worte.

Die Queen und das Geld

Das Finanzierungsmodell für die königliche Familie stammt in seinen Grundzügen aus dem 18. Jahrhundert. Mit dem *Civil List Act* von 1760 trat der damalige König George III. das Krongut dem Parlament ab. Von den Einnahmen aus dem Krongut erhielt der König eine vom Parlament bestimmte Summe über die sogenannte *Civil List*, mit der der königliche Haushalt und übrige Familienmitglieder finanziert wurden. Diese Abmachung zur Abtretung des Kronguts hat seither jedes britische Staatsoberhaupt mit dem Parlament getroffen, im September 2022 auch Charles III. Eigentlich wurde die Höhe der Zahlungen vom Parlament bei Regierungsantritt des Staatsoberhauptes festgelegt, diese Regelung wurde für die Queen 1972 jedoch wegen ihrer zu diesem Zeitpunkt vermutlich noch langen Regierungszeit sowie der hohen Inflation geändert. Seither wurde die *Civil List* alle zehn Jahre vom Parlament geprüft. Und die Zahlungen waren nun für zehn Jahre so bemessen, dass Rücklagen gebildet werden konnten.

2011 wurde der *Sovereign Grant* eingeführt, der die *Civil List* ersetzte. Er führte alle vier öffentlichen Finanzierungsformen (für Reisen, Kommunikation sowie den Erhalt der Schlösser der Krone gab es je eigene Fonds) zusammen und legt fest, dass fünfzehn Prozent der Einnahmen des Kronguts an die Krone fließen sollten. Diese Summe wird alle fünf Jahre neu beziffert, und zwar nicht mehr vom Parlament, sondern von den königlichen Treuhändern. Dazu gehören der Premierminister, der Schatzkanzler und der *Keeper of the Privy Purse*, der oberste Finanzbeamte des Königshauses. Zwar geht die Festsetzung der Summe nun am Parlament vorbei, doch der *Keeper* veröffentlicht einen Jahresabschlussbericht, der die königliche Familie gewissermaßen rechenschaftspflichtig macht. 2016 wurde der *Sovereign Grant* für eine begrenzte Zeit bis 2027 auf 25 Prozent erhöht, um die Renovierung von Buckingham Palace zu finanzieren. Diese Regelung wurde indes dem Parlament zur Abstimmung vorgelegt und angenommen.

Jährlich erzielt das Krongut, dessen Wert auf 15,6 Milliarden Pfund geschätzt wird, derzeit Einnahmen von 312 Millionen Pfund. Zum Krongut gehören neben den Juwelen, Kunstwerken und Schlössern des Staatsoberhaupts auch umfänglicher Immobilienbesitz sowie Anlagen zur Energieerzeugung. All diesen Besitz darf das Staatsoberhaupt allerdings nicht veräußern. Künftig werden zudem Einnahmen von jährlich einer Milliarde Pfund aus den sechs neuen Windkraftanlagen des Kronguts erwartet, die sieben Millionen Haushalte mit Energie versorgen sollen. Der Krone gehören nämlich die Rechte an der Nutzung des Meeresbodens, und deren Wert wird angesichts der Notwendigkeit erneuerbarer Energien ebenfalls steigen. Im Januar 2023 hat Charles III. darum gebeten, diese Summe nicht in den *Sovereign Grant* einfließen zu lassen, sondern sie stattdessen für das Allgemeinwohl einzusetzen.

Außerdem erhält das Staatsoberhaupt die Einnahmen des Herzogtums Lancaster zwecks Finanzierung seiner öffentlichen Aufgaben. Dazu gehören Land- und Immobilienbesitz, aber auch gewerbliche Objekte in England und Wales. 2017 wurde durch die *Paradise Papers* bekannt, dass die Queen auch in zwei Offshore-Finanzplätze investiert hatte. Wie das funktioniert, erklärt Hannes Munzinger in »Henry und die Königin« im Online-Dossier der *Süddeutschen Zeitung*. In eine »Rent-to-Own«-Firma, die überteuerte Staubsauger qua Ratenkauf und Zinsen vertreibt, hatten Mitarbeiter der Queen deren Vermögen gesteckt – über einen Fonds auf den Kaimaninseln. Das Herzogtum teilte umgehend mit, die Queen habe von dieser Investition nichts gewusst. Es macht die Sache allerdings kaum besser, dass die Königin offenbar nicht weiß, wo ihr Geld investiert wird, oder zumindest, ob dies in zweifelhaften Finanzplätzen geschieht – oder eben nicht.

2020 erzielte das Herzogtum Lancaster ein Einkommen von 28 Millionen Pfund. Aus diesen Einnahmen wurde vermutlich auch die millionenschwere außergerichtliche Einigung zwischen Prince Andrew und Virginia Guiffre bezahlt, nach der ein Zivilprozess gegen den Prinzen wegen sexueller Nötigung eingestellt wurde. Nach Einschätzung von Almuth Ebke bedeutete die Verbindung Andrews zum Sexualstraftäter Epstein einen großen moralischen Makel für das Königshaus, der schließlich »dazu führte, dass ein *senior royal* de facto gefeuert wurde«.

Der Thronfolger hingegen bekommt die Einnahmen des Herzogtums Cornwall, das aktuell eine Milliarde Pfund wert ist. Schon dem vierjährigen Charles stand ab 1952 eine Summe von mehr als 200 000 Pfund und damit das Vierfache des Einkommens seiner Eltern nach deren Hochzeit zur Verfügung. Laut Buckingham Palace wurden die Mittel genutzt, um die Ausbildung des Prinzen zu finanzieren. Versuche der Labour-Partei in den 1930er und 1970er Jahren, das Herzogtum Cornwall zu verstaatlichen, scheiterten. Prince William darf nach

Informationen des *Guardian* künftig mit zusätzlichen 20 Millionen Pfund jährlich rechnen.

Erst seit 1800 hatte das Staatsoberhaupt ein privates Einkommen, was Queen Victoria und vor allem ihrem Prinzgemahl Albert den Erwerb von Schlössern wie Balmoral und Sandringham überhaupt erst ermöglichte. Diese beiden Immobilien werden jeweils an den Thronfolger vererbt und sind von der Erbschaftssteuer befreit. Über den Umfang des Privatvermögens der königlichen Familie ist auch deshalb wenig bekannt, weil diese von der in Großbritannien gängigen Praxis ausgenommen ist, dass Testamente öffentlich werden, sobald es einen Testamentsvollstrecker, also etwas zu erben gibt. Dies gilt nicht nur für die Queen selbst, sondern auch für ihre weiter verzweigte Familie. 2021 scheiterte der *Guardian* mit dem Versuch, die Veröffentlichung des Testaments von Prince Philip einzuklagen. Was die Queen wem von ihrem privaten Vermögen genau vererbt hat, wird also ebenfalls nicht bekannt werden.

Die Finanzierung der königlichen Familie mit öffentlichen Geldern führte im Laufe des Lebens der Queen immer wieder zu Konflikten. Schon im Vorfeld ihrer Hochzeit entbrannte ein Streit um die Finanzen des jungen Paares, wie man bei Ben Pimlott nachlesen kann. Ihr Vater hatte 50 000 Pfund gefordert, das wären heute immerhin knapp zweieinhalb Millionen Pfund jährlich, denn 10 000 Pfund des Jahres 1947 entspräche heute etwas mehr als eine halbe Million Pfund. Das wollte Labour-Schatzkanzler Hugh Dalton in Zeiten verschärfter öffentlicher Finanzprobleme jedoch nicht hinnehmen. Er warnte vor einem Popularitätsverlust der königlichen Familie. Der König sollte stattdessen der Regierung jene 200 000 Pfund übertragen, die er ihr im Krieg geliehen hatte; damit sollte die

Apanage der Kronprinzessin von 15 000 auf 25 000 Pfund aufgestockt werden. Der künftige Ehemann sollte 5000 Pfund jährlich bekommen, nicht die gesamte Summe sollte steuerfrei sein. Der Palast war beleidigt, der Chefunterhändler Dalton blieb widerständig und zuweilen hämisch. Hätte er nicht wegen einer Lappalie zurücktreten müssen, wäre es wohl bei dieser Summe geblieben. Sein Nachfolger jedoch bot die vom Palast geforderte Summe (davon für Philip 20 000 Pfund) an, wenn der König von der Leihsumme 100 000 Pfund abtreten würde. Viele Labour-Abgeordnete wollten sie auf 40 000 und deutlich weniger Geld für den Bräutigam beschränken, aber das Parlament segnete die höhere Summe ab – auch mit den Stimmen der Arbeiterpartei.

Als die Zahlungen der *Civil List* Anfang der 1970er Jahre neu organisiert werden mussten, wurde für die Queen ein eigenes Parlamentskomitee eingerichtet. Erstmals wurden die Finanzen des Staatsoberhauptes öffentlich so ausführlich diskutiert. Wie schon 1936 wurde erneut darüber beraten, ob man das Herzogtum Cornwall nicht verstaatlichen solle. Der entsprechende Antrag wurde zwar abgelehnt, immerhin kam dabei aber zur Sprache, wie die Finanzierung des Prinzen von Wales funktionierte, den die britische Bevölkerung 1969 im bereits erwähnten Dokumentarfilm *Royal Family* beim Luxussport Wasserski hatte beobachten können.

Nach dem Brand in Windsor Castle schimpfte eine ältere Schottin im Alter der Queen, sie werde sicher nicht mit ihren Steuergeldern für das Schloss einer Königin aufkommen, mit der sie nichts zu tun habe. Damit stand sie nicht allein da, weshalb die Queen die Restaurierung aus eigener Schatulle beziehungsweise aus den Eintrittsgeldern jener Millionen von Interessierten finanzieren musste, die in ihrer Abwesenheit seit

1993 durch den Buckingham Palace strömen dürfen. Die Kritik der Schottin stand im Kontext der Debatten um die Steuerfreiheit der Königin, die keineswegs schon immer bestanden hatte, sondern erst von ihrem Großvater George V. eingeführt worden war. Alle anderen britischen Monarchen hatten seit der Einführung eines privaten Einkommens sehr wohl Einkommenssteuer gezahlt. Dass die Königin und auch ihr Sohn sich 1993 genötigt sahen, freiwillig Einkommenssteuer zu zahlen, zeigt, dass die Privilegien der königlichen Familie nicht mehr einfach hingenommen wurden. Warum sollte die königliche Familie, die übrigens weiterhin keine Erbschaftssteuer zu zahlen hat, anders behandelt werden als die Bürgerinnen und Bürger des Landes? In den 1990er Jahren entzündete sich die Kritik am Prince of Wales auch an der Frage, was offizielle und was private Ausgaben des Prinzen seien. Für das Herzogtum Cornwall war das nicht eindeutig definiert. Eine Kommission der Fabian Society machte die Problematik 2002 erneut zum Thema und empfahl, die Unterscheidung deutlich zu schärfen.

Der immer wieder geäußerten Forderung, ihr privates Vermögen und das daraus resultierende Einkommen offenzulegen, ist die königliche Familie bis heute nicht nachgekommen. Sämtliche Angaben über den Reichtum der Queen beruhen auf Schätzungen, das Wirtschaftsmagazin *Forbes* etwa bezifferte im Jahr 2021 das persönliche Vermögen der Königin auf 470 Millionen Euro. Die Podcastserie »The Cost of the Crown« des *Guardian* aus dem Jahr 2023 beruht auf journalistischen Recherchen und kann mit zwei Milliarden Euro nur einen Näherungswert bieten. Charles III. aber wird sich der Forderung nach mehr Transparenz anders stellen müssen als seine Mutter. Sein Umgang mit dem *Sovereign Grant* könnte ein erstes Anzeichen dafür sein.

Von Schlössern, Corgis und Pferden

Die Queen hatte mehrere Wohn- und Amtssitze. Einige davon gehörten ihr privat, andere hingegen sind Teil des Kronguts. Ist das britische Staatsoberhaupt anwesend, weht auf dem jeweiligen Schloss die königliche Flagge, die man vor allem in Windsor und Westminster gut sehen kann. Auch für die Unterbringung der Verwandtschaft ist gesorgt: Den Royals stehen Appartements im Kensington Palace und dem 1532 von Heinrich VIII. (1491–1547) errichteten St. James Palace zur Verfügung. Letzterer ist zugleich offizieller Amtssitz des britischen Monarchen, von dort aus wurde Charles III. am 10. September 2022 zum König proklamiert.

Hauptresidenz und tatsächlicher Arbeitsort des britischen Staatsoberhauptes ist der Buckingham Palace. Er war im 17. Jahrhundert vom gleichnamigen Herzog als Buckingham House erbaut und 1761 von George III. für Queen Charlotte erworben worden. Als Queen Victoria 1837 dort einzog, ließ sie den Fassadenflügel inklusive Ballsaal errichten und nannte das Gebäude fortan Palast. Seit 1911 ziert das Victoria Memorial von Thomas Brock den Platz vor dem Schloss. George V. ließ den Fassadenflügel 1913 äußerlich noch einmal umgestalten, seither hat er die heute bekannte Form. Einhundert Jahre nach ihrer Ururgroßmutter zog Prinzessin Elizabeth 1937 mit ihrer Familie im Buckingham Palace ein, nachdem der Vater König geworden war.

Weil es fortan für seine Töchter schwierig werden würde, ihren Schwimmclub zu besuchen, ließ der König ihnen ein Schwimmbad im Palast einrichten. Die Pfadfindergruppe, der die Schwestern angehörten, kam auf Anregung ihrer schottischen Gouvernante Marion Crawford nun in den Palast und dessen großen Garten, damit die beiden Mädchen, die ja nicht zur Schule gingen, Gesellschaft von Gleichaltrigen hatten. Crawford erzählte, das Leben im zugigen Gemäuer habe sich wie Camping im Museum angefühlt. Das sahen wohl auch andere so: Queen Mary zog nach dem Tod ihres Mannes 1935 schleunigst zurück nach Malborough House, denn sie fand den Palast »not so gemütlich«, wie Alan Titchmarsh in seinem Buch über die Schlösser der Queen vermerkt. Während des Zweiten Weltkrieges beherbergte der Palast vorübergehend die Königin der Niederlande und den König von Norwegen, die vor den deutschen Besatzern geflohen waren.

Nach ihrer Heirat lebten die Queen und Prince Philip mit ihrer Familie zunächst in Clarence House, das John Nash im klassizistischen Stil für George IV. errichtet hatte, sowie zeitweilig auf Malta, wo der Herzog von Edinburgh stationiert war. Der Umzug brachte vor allem einen Zugewinn an Freiheit, denn das junge Paar lebte nun nicht mehr unter dem zugegeben großen Dach der (Schwieger-)Eltern. Die Queen zögerte deshalb zunächst, als Königin wieder in den riesigen Buckingham Palace zurückzukehren, beugte sich jedoch dem Rat der Hofbediensteten und tauschte den Wohnsitz mit Mutter und Schwester, die nach Clarence House übersiedelten, wo Queen Mum bis zu ihrem Tod residierte.

Der Palast ist riesig. Auf 80 000 Quadratmetern befinden sich 775 Zimmer, darunter die 19 großen State Rooms, die für repräsentative Zwecke genutzt werden, wie der fast 40 Meter lange Ballsaal. Dazu kommen die privaten Räume der königlichen Familie sowie die Unterkünfte und Büros ihrer Angestellten. Der königliche Hof ist in sechs verschiedenen Abteilungen organisiert, ihnen allen steht als leitender Beamter der sogenannte *Lord Chamberlain* vor, der zugleich Mitglied im Kronrat ist und früher adelig sein musste. Doch auch diesbezüglich ändern sich die Zeiten. Aktuell ist der ehemalige Generaldirektor des britischen Inlandsgeheimdienstes Andrew Parker auf diesem Posten, der erst 2020 in den nicht erblichen Adelsstand erhoben wurde. Zu den einzelnen Abteilungen des Hofes gehören das private Sekretariat, das auch für die Pressearbeit verantwortlich ist, und die Finanzabteilung, die das öffentliche und private Einkommen der Queen verwaltet. Die *Crown Equerry* ist für die königlichen Pferdeställe und den Transport zuständig, außerdem gehören die königliche Kunstsammlung und das Büro des *Lord Chamberlain* dazu, das alle öffentlichen Veranstaltungen organisiert.

Hinter dem Palast liegt der zehn Hektar große Garten, in den das Staatsoberhaupt jeden Sommer zu drei Gartenpartys einlädt. Eine vierte findet in Holyrood Palace in Schottland statt. Die Partys laufen immer nach dem gleichen Schema ab: Um drei Uhr dürfen die Geladenen – sie werden von der Regierung, vom Militär oder von Wohltätigkeitsorganisationen nominiert – durch das Erdgeschoss des Schlosses in den Garten spazieren. Das allein ist schon etwas Besonderes, denn die Gärten sind der Öffentlichkeit eigentlich nicht zugänglich. Zwei Bands spielen, es gibt Tee und Sandwiches. Auch wenn Hüte inzwischen nicht mehr verpflichtend sind, müssen sich für die Party doch alle in Schale werfen. Die königliche Familie erscheint um vier Uhr nachmittags und mischt sich nach der Nationalhymne einzeln unter die Gäste. Um sechs Uhr werden alle ca. 10 000 Gäste durch das erneute Spielen der Hymne hinausgebeten. Allein bei diesen Anlässen hat die Königin im Laufe ihrer langen Regentschaft eine stattliche Anzahl ihrer ›Untertanen‹ kennen gelernt. Das Forschungsunternehmen YouGov ermittelte 2018, fast ein Drittel der britischen Bevölkerung habe die Queen getroffen oder doch zumindest gesehen, von den über 65-jährigen war es sogar fast die Hälfte.

Nachdem der »Blitzkrieg« und damit auch die Bombardierung Londons begonnen hatte, lebte die Queen mit ihrer Schwester auf dem westlich von London gelegenen Windsor Castle. Das fast eintausend Jahre alte Schloss geht auf William the Conqueror (1027/28–1087) zurück, der 1066 die Schlacht bei Hastings gewonnen hatte. Als neuer englischer König ließ er in Windsor zunächst eine Holzburg errichten. Seit dem Mittelalter wurde das Gebäude ständig erweitert, etwa durch den ikonischen Round Tower in seiner Mitte. In diesem ehemaligen Wohnturm befindet sich heute das Königliche Archiv. George IV. ließ die Anlage ab 1823 umfassend umbauen und erweitern, erst unter seinem Bruder William IV. wurden die Arbeiten jedoch abgeschlossen. Queen Victoria und Prinz Albert machten Windsor Castle zu ihrer Hauptresidenz. Das war auch deshalb gut möglich, weil der gleichnamige Ort seit 1849 einen eigenen Bahnhof besaß, mit einem privaten Wartesaal für die königliche Familie. Seit 1917 dient der Ortsname »Windsor« der königlichen Familie als Nachname, denn »Hanover« mochte sie sich wegen der Gegnerschaft zu Deutschland im Ersten Weltkrieg nicht länger nennen.

Auch für die Queen wurde Windsor Castle zum zweiten Wohnsitz. Als Kind hatte sie mit ihren Eltern viel Zeit in der Royal Lodge verbracht. Als Königin nutzte sie das Schloss an den Wochenenden. Sie verbrachte in ihrem zweiten Zuhause auch große Teile des Juni sowie den April, um am Gründonnerstag (*Maundy Thursday*) speziell geprägte Silbermünzen, das sogenannte *Maundy Money* auszugeben – ein symbolisches Almosen, das nach dem Gottesdienst nicht länger an Bedürftige, sondern an Ehrenamtliche der christlichen Kirchen verteilt wird. 1992 wurde auch deshalb zum *annus horribilis* für die Queen, weil dieses zweite Zuhause im November des Jahres in Teilen ausbrannte und bis 1997 renoviert werden musste. Das Schloss wurde und wird selbstverständlich nicht nur zu privaten Zwecken genutzt, sondern auch für Staatsempfänge. Dort begrüßte die Queen etwa Michelle und Barack Obama sowie Nelson Mandela oder die dänische Königin Margrethe. Im März 2020 zogen sich die Queen und ihr Mann mit nur wenigen Angestellten, darunter Angela Kelly, nach Windsor Castle zurück, um dort – geschützt in der sogenannten ›Majestätsblase‹ (*HMS Bubble*) – die Pandemie zu überstehen. Zum Palast gehört die St. George's Chapel, in der die Prinzen Charles (2005), Edward und Harry geheiratet haben. Dort ist zudem jene Gruft zu finden, in der die Queen am 19. September 2022 neben ihren Eltern, ihrer Schwester Margaret und ihrem Mann zur letzten Ruhe gebettet wurde.

Reisen zu ihren Residenzen strukturierten den Jahresablauf der britischen Königin. Neben ihren Hauptwohnsitzen Buckingham Palace und Windsor Castle verbrachte sie feste Zeiten in Schottland und Norfolk. Dazu nahm sie während der *Holyrood Week* zwischen Ende Juni und Anfang Juli Investituren in Holyrood Palace vor. Auch der Prince of Wales verbrachte jähr-

Das Jahr der Queen

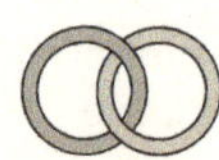

1. Clarence House

Bevor sie 1952 Königin wurde, wohnte die Queen nach ihrer Hochzeit in Clarence House. Nach ihrer Thronbesteigung zogen dort die Queen Mum und Princess Margaret ein.

2. Buckingham Palace

Hauptresidenz der königlichen Familie ist seit 1837 der Buckingham Palace. Ob das Staatsoberhaupt zuhause ist, kann man daran erkennen, dass die Royal Standard über dem Dach des Palastes weht.

3. Sandringham House

Die Zeit von Weihnachten bis zum 6. Februar, dem Todestag ihres Vaters George VI., verbrachte die Queen in Sandringham House.

4. Windsor Castle

Von März bis April residierte die Queen anlässlich Easter Court in Windsor Castle, außerdem eine Woche im Juni. In Windsor Castle befindet sich auch das Königliche Archiv.

5. Palace of Holyroodhouse

In ihrer offiziellen Residenz in Schottland hielt sich die Queen zur Holyrood Week (Ende Juni bis Anfang Juli) auf.

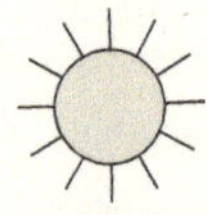

6. Balmoral Castle

Die Sommermonate verlebte die Queen von Ende Juli bis Ende September in Balmoral Castle – ihrer einzigen Residenz, die nicht öffentlich zugänglich war.

7. Hillsborough Castle

Für Aufenthalte der Königin in ihrer offiziellen Residenz in Nordirland gab es keinen festen Termin im Jahreskalender.

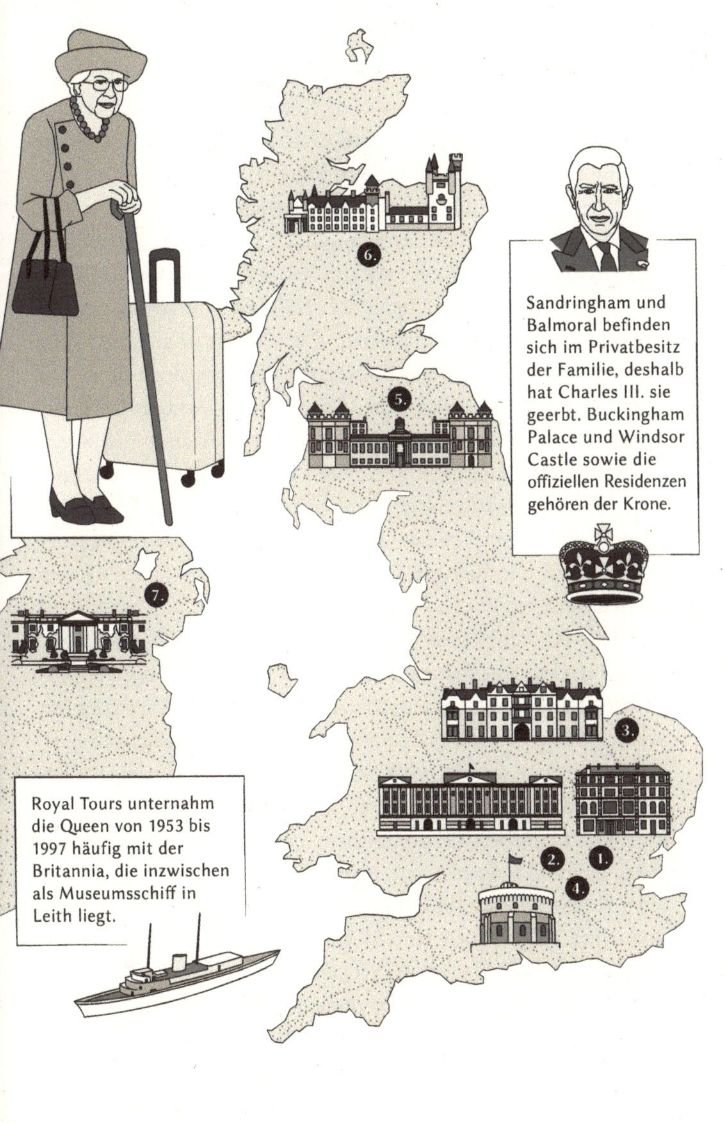

Sandringham und Balmoral befinden sich im Privatbesitz der Familie, deshalb hat Charles III. sie geerbt. Buckingham Palace und Windsor Castle sowie die offiziellen Residenzen gehören der Krone.

Royal Tours unternahm die Queen von 1953 bis 1997 häufig mit der Britannia, die inzwischen als Museumsschiff in Leith liegt.

lich eine Woche auf dem Anwesen in Edinburgh, dessen älteste erhaltene Gebäude aus dem 16. Jahrhundert stammen. Der offizielle Amtssitz der Krone in Nordirland ist Hillsborough Castle. In Wales hingegen besaß Charles III. als Prince of Wales mit Lwynywermod lediglich privat einen Bauernhof, der inzwischen an seinen Sohn übergegangen ist.

Das liebste Schloss der Königin aber war Balmoral Castle. Die private Sommerresidenz der britischen Königsfamilie ist am schottischen Fluss Dee in der Nähe des Berges Lochnagar zu finden, der zum Gebirgszug der Cairngorms gehört. Das Anwesen liegt abseits der Straße, die von Aberdeen durch die *Royal Deeside* nach Braemar führt, dem Austragungsort der berühmten schottischen *Highland Games.* Daher bleibt das Schloss, das die Urgroßmutter der Queen, Königin Victoria, 1851 für umgerechnet drei Millionen Pfund gekauft hatte, den Augen der Öffentlichkeit weitgehend verschlossen. Nur der Garten und der Ballsaal sind zugänglich – wenn die Queen nicht anwesend ist.

Victorias bauwütiger Gatte Albert hatte Balmoral Castle abreißen und neu aufbauen lassen. Zum Schloss gehören ausgedehnte Ländereien, auf denen der Prinz zur Erinnerung an wichtige Familienereignisse sogenannte Cairns errichten ließ. Cairns, künstlich errichtete Steinhaufen, stammen eigentlich aus dem Zeitalter des Neolithikums. Königin Elizabeth II. hat zum Diamantenen Thronjubiläum gleich zwei Cairns bekommen, einen in Balmoral und einen zweiten aus 60 Steinen (für jedes Regierungsjahr einen) im nahegelegenen Ort Ballater. Die von Prinz Albert initiierten Monumente passen gut in das bereits erwähnte Erfinden von Traditionen. Dazu gehört auch, dass Albert einen eigenen Balmoral Tartan designt hat, also einen gewebten Karostoff, den nur die Queen und der persönli-

Schloss Balmoral in Schottland.

che Dudelsackspieler der Königin, der *Queen's Piper*, tragen dürfen. Sogar Mitglieder der königlichen Familie müssen um Erlaubnis bitten, um ihn zu tragen. Eine Kappe der schottischen Hochlandregimenter heißt inzwischen ebenfalls nach diesem Ort. Den Schottinnen und Schotten des 19. Jahrhunderts war die Verkitschung alles Schottischen durch die königliche Familie durchaus ein Dorn im Auge. Doch Elizabeth II. war selbst eine halbe Schottin. Als Tochter des Grafen von Strathmore und Kinghorn wuchs ihre Mutter Elizabeth Bowes-Lyon zum Teil in Glamis Castle im schottischen Angus auf. Als Witwe erwarb und restaurierte die Queen Mum Castle Mey an der Nordküste Schottlands und zog sich im Sommer dorthin zurück.

In Schottland verbrachte Elizabeth II. schon seit ihrer frühesten Kindheit ausgedehnte Sommerferien, sowohl auf Balmoral als auch auf dem nahegelegenen Landgut Birkhall. Als Königin residierte sie dort von Ende Juli bis Ende September. Das schottische Schloss war weit entfernt vom höfischen Zeremoniell. Es war ein Arbeits-, vor allem aber ein Ferienort für sie selbst, für Kinder, Enkel und Urenkel sowie für zahlreiche, auch internationale Gäste, fernab der Öffentlichkeit. Ihre Familie ging dort Hobbys und Freizeitaktivitäten nach, wobei die roten Boxen selbstverständlich auch nach Schottland reisten. Die Queen Mum fing Lachs im Fluss Dee, Prince Philip arbeitete im Küchengarten oder legte mit einem Bulldozer Wasserspiele an, man ging zur Jagd und sah bei den *Scottish Highland Games* Männern im Kilt beim Bäume-Stoßen zu.

Höhepunkt des jährlichen Aufenthaltes war der *Ghillies Ball*, der zum Dank für das Personal abgehalten wurde. Namensgeber für das Fest waren die *ghillies*, die Tanzschuhe für schottische Volkstänze wie den »Dashing White Sergeant« oder den »Eightsome Reel«, den man die Königin im Dokumentarfilm *Elizabeth R* aus dem Jahr 1992 tanzen sehen kann – eine der seltenen Filmaufnahmen vom Innern des Schlosses. In Balmoral Castle verbrachte die Queen einen Teil ihrer Hochzeitsreise und auch ihren letzten Urlaub, von dort wurde ihr Leichnam über Edinburgh nach Westminster gebracht. In der Royal Chapel in Windsor Castle begleiteten sie die Klänge ihres Dudelsackspielers zur letzten Ruhe – und der war angetan mit dem Balmoral-Tartan.

Auch das an Weihnachten genutzte Anwesen Sandringham House war ein Projekt von Prinz Albert gewesen, der auf der Suche nach einem Wohnsitz für seinen erstgeborenen Sohn gewesen war. Das 1870 fertiggestellte Schloss hatte zwar eine moderne Ausstattung mit Gasbeleuchtung und *water closets*. Aber Sandringham ist doch eine ziemlich unansehnliche Ansammlung roter Ziegelsteine im Stil der britischen Neorenaissance, die irgendwie zusammengewürfelt wirkt. Nach Sandringham kam die Königin ebenfalls schon seit ihrer Kindheit, einzig der Zweite Weltkrieg vermochte diese Tradition zu unterbrechen.

Das Erbe des Ururgroßvaters Albert ist in Sandringham noch auf andere Weise zugegen. Es gibt dort nicht nur einen Weihnachtsbaum, den der Prinz aus dem Haus Sachsen-Coburg und Gotha in Großbritannien populär gemacht hatte, sondern gleich mehrere. Außerdem findet die Bescherung bei den Royals am 24. und nicht erst am 25. Dezember wie sonst in Großbritannien üblich statt. Am Weihnachtsfeiertag kann man die königliche Familie beim gemeinsamen Kirchgang bewundern und zuweilen die recht eigenwillige Hutwahl ihrer Mitglieder bestaunen. In Sandringham wird auch die Weihnachtsansprache der Königin aufgezeichnet. Bis zum 6. Februar, dem Todestag von George VI., weilte die Königin gewöhnlich auf diesem Anwesen in Norfolk. Dort befinden sich noch weitere Wohnsitze, darunter Anmer Hall, der Landsitz von Prince William, sowie Wood Farm, wo der an Epilepsie erkrankte Prince John, ein Onkel der Queen, bis zu seinem Tod 1919 gelebt hatte. Nachdem Prince Philip sich im Sommer 2017 vom öffentlichen Leben zurückgezogen hatte, wohnte er zeitweilig dort.

Der Herzog von Edinburgh, dem die Königin das Management all ihrer privaten Residenzen übertragen hatte, öffnete Sandringham House, den Garten und den Park zum Silbernen Thronjubiläum 1977 für die Öffentlichkeit – aber selbstverständlich nicht zu Weihnachten. Um das Anwesen wirtschaftlich zu machen, rationalisierte er zudem die Land- und Forstwirtschaft Sandringhams, reduzierte die Anzahl der Beschäftigten und landwirtschaftlichen Betriebe deutlich und vermietete die zahlreichen Gebäude auf dem Gelände des Anwesens. Schließlich ließ er nicht genutzte Teile des Haupthauses abreißen.

Nicht nur bei Prince Philip war es für die Queen Liebe auf den ersten Blick, bei ihren Hunden war es ähnlich. Der Sohn eines Nachbarn hatte 1933 einen Corgi geschenkt bekommen. Elizabeth und ihre Schwester waren so begeistert, dass ihr Vater ihnen ebenfalls einen Pembroke Welsh Corgi, wie die Hunde genau heißen, bei der Züchterin Thelma Gray kaufte. So kam der erste dieser Hunde in die Familie des Duke of York, und der war quasi nach ihm benannt, denn er hörte auf den Namen Dookie. Die Corgis, walisische Hütehunde, werden erst seit 1928 außerhalb von Wales gezüchtet. Trotz ihrer kurzen Beine und ihrer geringen Höhe sind sie ausdauernd und brauchen viel Bewegung. Sie dienten ursprünglich zum Treiben von Vieh, und dabei schnappten sie auch schon einmal zu. Kurzum, sie sind alles andere als Schoßhunde. Zugeschnappt haben die Corgis auch im Dienst der Queen. Nicht nur Dookie, das schwarze Schaf der Familie, fiel durch sein schlechtes Benehmen auf. Auch andere der über dreißig Hunde, die im Laufe ihres Lebens der Queen gehörten, bissen nicht nur Angestellte oder Besucher, sondern sogar Ihre Majestät höchstselbst.

Die Familienhunde waren nun die ständigen Begleiter der kleinen Prinzessinnen und schon Mitte der 1930er Jahre so populär, dass das Studio Lisa 1936 ein Fotobuch namens *The Princesses and Their Dogs* herausbrachte. Der Band zeigte die Prinzessinnen beim Kuscheln mit ihren Corgis, mit Eltern und Corgis im Garten der Royal Lodge oder beim Spielen im Miniaturhaus *Y Bwythn Bach* – ein Geschenk der walisischen Bevölkerung für Elizabeth. All dies passte sehr gut zur Selbstdarstellung der Familie des Herzogs von York als königliche Bilderbuchfamilie. Ihre Mutter achtete zudem mit Argusaugen

Die Queen 1970 mit zwei Corgis am Londoner Bahnhof Euston.

darauf, dass die Schwestern sich um das Futter und den Auslauf der Tiere selbst kümmerten. Sie bei Tisch zu füttern war streng verboten, weiß die Journalistin Penny Junor in *All The Queen's Corgis* zu erzählen.

Während ihre Schwester sich später eher für Dackel interessierte, blieb die Königin den Corgis treu. Zum 18. Geburtstag 1944 schenkte George VI. seiner Tochter den ersten eigenen Corgi namens Susan, von der bis 2018 alle Corgis der Queen abstammten. Willow, einer der heimlichen Stars aus dem Bond-Sketch, stammte in 14. Generation von Susan ab. Letztere begleitete die Thronfolgerin selbst auf deren Hochzeitsreise. Zuweilen hatte die Queen bis zu zehn Corgis im Schlepptau –

die ihrer Mutter, die der Schwester, die der Kinder und ihre eigenen. Wann immer es der Queen möglich war, fütterte sie die Tiere selbst und führte sie auch eigenhändig spazieren. Seit sie erwachsen war, fiel für die Hunde aber durchaus auch vom Esstisch etwas ab.

Visuell signalisierten die Corgis der Queen Privatheit, ein Leben lang war sie mit ihnen auf Familienbildern zu sehen. Die Gedenkmünze zum 50. Thronjubiläum zeigte die Königin mit Corgi auf dem Schoß, der Emoji zum 70. Thronjubiläum war gar ein gekröntes Hundehaupt. Corgis wurden durch die Königin zu sehr beliebten Hunden. Von 250 registrierten Corgis im Jahr 1934 schnellte die Zahl auf knapp 9000 im Jahr 1960 hoch. Als die Serie »The Crown« 2016 startete, stieg die Nachfrage nach Corgis erneut an. Die königlichen Haustiere wurden so auch selbst berühmt. Die Hunde traten nicht nur mit Mr. Bond auf, sondern auch in Krimis und Kinderbüchern sowie im computeranimierten Kinderfilm *Royal Corgi*.

Eine anrührende Corgi-Geschichte erzählte der Chirurg David Nott in der Radiosendung *Desert Islands Discs* der BBC. Weil er seit Anfang der 1990er zwei Monate im Jahr ehrenamtlich in Krisengebieten hilft, verlieh ihm die Königin einen Orden und lud ihn mit anderen Ausgezeichneten zum Lunch ein. Als sie ihn nach seinen Erlebnissen fragte, konnte der gerade aus Aleppo Zurückgekehrte nicht über seine traumatischen Erfahrungen sprechen. Statt höflich Konversation zu betreiben, saß er mit zitternder Unterlippe neben der Queen und konnte ihr nicht antworten. Die löste die Situation, indem sie ihre Corgis in den Raum stürmen ließ. Gemeinsam mit Nott kümmerte sie sich um die Tiere und versorgte sie mit Hundekeksen. Das sei viel besser, als sich zu unterhalten, versicherte sie dem Arzt zum Abschied.

Wie sehr die Königin ihre Begleiter mochte, belegt wohl auch ihre 2015 getroffene Entscheidung, keine weiteren Corgis zu züchten, um sie nach dem eigenen Tod nicht zurücklassen zu müssen. Als Prince Philip Anfang 2021 schwer erkrankte, schenkte ihr die Familie ihres Sohnes Andrew zur Aufmunterung dennoch einen neuen Corgi und im Juni 2021 dann einen zweiten. Muick und Sandy, die sich in Windsor von der Königin auf deren Beerdigung verabschiedeten, leben inzwischen bei Fergie und Andrew in der Royal Lodge.

Neben ihren Corgis hatte die Queen noch eine weitere Zuflucht, nämlich ihre Liebe zu Pferden. Als Vierjährige bekam sie ihr erstes Pony geschenkt, noch in ihrem letzten Lebensjahr sah man sie bei einem Ausritt. Ihre Reitkünste zeigte sie auch bei Staatsbesuchen, etwa als US-Präsident Ronald Reagan in Großbritannien weilte. Die Queen frönte aber nicht nur selbst dem Reitsport, sie war auch eine erfolgreiche und gewiefte Pferdezüchterin. Gemeinsam mit ihrem Jugendfreund Lord Porchester, genannt Porchey, züchtete sie Rennpferde und das mit einigem Erfolg. Pferderennen wie das in Ascot oder das Epsom Derby gehörten deshalb fest zum Terminkalender der Queen. Tatsächlich wurde Ascot in jedem Jahr vor allen anderen Terminen eingetragen. Vor ihrer Krönung darauf angesprochen, ob sie nervös sei, soll die Queen geantwortete haben: »Natürlich bin ich das, aber ich glaube wirklich, Aureole wird gewinnen.« Aureole wurde nur Zweiter, aber ihr Hengst Choir Boy gewann kurz darauf den *Royal Hunt Cup* in Ascot. Es war der erste in einer Reihe von Siegen aus dem königlichen Rennstall, insgesamt 23mal gewannen Pferde der Königin eines der fünf wichtigen Rennen der Vereinigten Königreiches. Eine der Krönungen ihrer langen Karriere als Züchterin war der Sieg der Stute Estimate im Jahr 2013 in Ascot.

Ihre ersten Rennpferde hatte die Queen 1952 von ihrem Vater geerbt. Die Züchtung der Tiere plante sie selbst, von der Auswahl für die Anpaarung bis hin zur Beobachtung der Geburt mithilfe von Videokameras, die sie auf dem königlichen Gestüt in Sandringham hatte installieren lassen, das Edward VII. 1886 gegründet hatte. Sie baute die Gestüte in Sandringham und Wolverhampton weiter aus, fügte 1962 ein drittes in Hampshire hinzu und machte Porchey etwas später zum Leiter ihrer Rennställe. 20 bis 25 Rennpferde züchtete die Königin zuletzt in jedem Jahr. Wieviel Geld genau in dieses teure Hobby der Königin geflossen ist, bleibt ungewiss. Da die Königin als Staatsoberhaupt auch Rennpferde geschenkt bekam, die sie zur Zucht nutzte und auch wieder veräußerte, flossen bei ihrem Hobby die Grenzen zwischen öffentlichem und privatem Besitz durchaus ineinander. Nach Informationen des *Spiegel* soll sie 1978 bei einem Staatsbesuch in Deutschland den damaligen Bundespräsidenten Walter Scheel um zwei Pferde gebeten haben. Das Gastgeschenk im Wert von 60 000 Euro wurde gewährt. Es war das kostspieligste, das seit dem Zweiten Weltkrieg im Interesse guter Beziehungen jemals einem ausländischen Gast gemacht worden war.

Nicht nur durch ihre Präsenz und die ihrer Familie in Ascot hat die Queen dazu beigetragen, den Rennsport im Vereinigten Königreich populär zu halten. Mit sechs Millionen Gästen ist er – weit abgeschlagen hinter dem Fußball – noch immer der zweitbeliebteste Zuschauersport. Die Monarchin machte ihn auch für die Wenigen interessant, die sich die immensen Investitionen in den Rennsport, deren Rendite keineswegs gesichert war, überhaupt leisten konnten. Die Aussicht, die Queen bei einem Rennen in Ascot persönlich zu treffen, war nach Einschätzung des Journalisten Greg Wood für die neue

Generation von Besitzern, die seit den 1980er Jahre den globalisierten Pferdesport (oder vielleicht besser Pferdemarkt) dominierten, ein wichtiger Anreiz, ihre Pferde trotz der im Vergleich geringen Preisgelder dort antreten zu lassen.

Nach dem Tod seiner Mutter hat Charles III. die ungefähr 100 Vollblutpferde seiner Mutter geerbt. Nach Schätzungen des *Guardian* sind die Pferde insgesamt mehr als dreißig Millionen Pfund wert. 30 der Tiere brachten bis April 2023 bereits zweieinhalb Millionen Euro bei Versteigerungen ein. Um ihren Wert zu erhöhen, wird der neue König wohl schrittweise mindestens die Hälfte der geerbten Tiere auf den Markt bringen. Teile der Zucht könnten von Königin Camilla weitergeführt werden, aber sicher wird die künftige kleiner ausfallen als bisher. Auch in Bezug auf die Pferde wird die Monarchie verschlankt, das zeigt nicht zuletzt, wie schnell die Tiere der Queen nach ihrem Tod auf den Markt kamen. Inzwischen nehmen Tierrechtsorganisationen wie *Animal Rising* die britischen Rennen ins Visier und protestieren laustark mit disruptiven Aktionen gegen die Tierquälerei, die ein Rennen für die Pferde eben auch bedeutet. Bei Hindernisrennen kommen zudem nicht selten Tiere zu Tode. Wie und ob dieser Sport zum Schutz von Umwelt und Biodiversität des neuen Königs passt, wird zu beobachten bleiben.

Die Queen global

Die Queen bestieg den Thron zu einer Zeit, als sich das Empire erst im Umbruch und dann in Auflösung befand. Zwar blieb sie durch das Commonwealth Staatsoberhaupt von zuletzt vierzehn weiteren Staaten, doch ein Ersatz für das Empire war dieser Bund nicht. Großbritannien entwickelte sich in den ersten beiden Dekaden ihrer Amtszeit vom Empire zum Nationalstaat, der über einen längeren Zeitraum nach Beitrittsversuchen in den 1960er Jahren von 1973 bis 2019 in die Europäische Union eingebunden war. Sowohl die mangelnde soziale Abfederung der Pandemie als auch die Energie- und Lebenshaltungskrise haben der britischen Bevölkerung und ihrer Königin in deren letzten Lebensjahren deutlich die Vorteile einer Einbindung in einen supranationalen Staatenbund vor Augen geführt, der weit über das Netzwerk eines Commonwealth hinausgeht. Von *Rule Britannia* ist wenig mehr als jene Empire-Nostalgie geblieben, die die Brexit-Befürworter sich zunutze machen konnten.

Das Commonwealth war in der Zwischenkriegszeit zunächst als Staatenbund mit den »weißen Dominions« (Kanada, Neufundland, Neuseeland, Australien, Südafrika und der Irische Freistaat) gegründet worden. Großbritannien war in diesem Staatenbund, anders als im Empire, nicht Oberhaupt eines Kolonialreiches, sondern Mitglied. Der Titel »Oberhaupt des Commonwealth« hatte keine verfassungsrechtlichen Konsequenzen, er war 1949 eingeführt worden, als Krone und Mitgliedstaaten nach der Unabhängigkeit der Republiken Indien und Pakistan nicht mehr in eins gingen. Der Titel ist nicht erblich, dennoch hat die Queen es erreicht, dass ihr Sohn Charles beim Londoner Gipfel 2018 zu ihrem Nachfolger bestimmt wurde. Das Commonwealth ist, wie es in der Erklärung von Singapur von 1971 heißt, ein »freiwilliger Zusammenschluss unabhängiger und gleichberechtigter souveräner Staaten«. Der Historiker Jürgen Osterhammel charakterisierte es kürzlich als das, was es nicht ist: weder ein verlängerter Arm britischer Außenpolitik oder gar des Empire, noch ein Militärbündnis, noch ein supranationaler Staatenbund, noch ein geschützter Wirtschaftsraum. Das Commonwealth sei vor allem ein hervorragendes Netzwerk, so der Historiker.

Die Queen nahm ihre Rolle als Oberhaupt des Commonwealth sehr ernst, resümiert der Direktor des Instituts für Commonwealth-Studien Philip Murphy. Sie sei deshalb einst von einem neuseeländischen Premier als der Klebstoff, der alles zusammenhält, bezeichnet worden, erzählt der Historiker in *The Empire's New Clothes*. Sie habe zudem den Mythos des Commonwealth am Leben gehalten durch ihre Reisen, Ansprachen und Rituale wie den Commonwealth Day oder ihre Präsenz auf den Treffen und bei den Commonwealth Games. Ihre Rolle als britisches Staatsoberhaupt stand dabei durchaus in Konflikt zu der im Commonwealth. Reiste sie etwa auf Einladung ›ihres‹ kanadischen Premiers nach Kanada, dann folgte sie als dortiges Staatsoberhaupt dessen Anweisungen bezüglich ihrer öffentlichen Verlautbarungen, die britische Regierung blieb außen vor.

Bereits ihre erste Royal Tour führte die Queen 1953/54 auf eine monatelange Reise in die Länder des Commonwealth, von dem sie – in Abgrenzung zum Empire – in ihrer Weihnachtsansprache aus Auckland, Neuseeland, als einer gleichberechtigten Partnerschaft aller Nationen und Ethnien sprach. Sie beschrieb das Commonwealth als eine Gemeinschaft, in der Freundschaft, Loyalität und der Wunsch nach Frieden und Freiheit den Ton angäben. Dennoch war der Weg der ehemaligen britischen Kolonien zur Mitgliedschaft im Commonwealth nicht einfach und führte nicht unbedingt zu Gleichberechtigung, wie Murphy in *Monarchy and the End of Empire* am Beispiel Ghanas zeigt: Als Kwame Nkrumah, seit 1951 Premierminister der Kolonie Goldküste, deren Beitritt zum Commonwealth forderte, wurde dies zunächst abgelehnt. Obwohl er seit 1952 offiziell als Premierminister anerkannt war, wurde er nicht zum Ministertreffen des Commonwealth anlässlich der Krönung der Queen eingeladen; den Trostpreis, Gast der Krönungsfeierlichkeiten zu sein, wollte Nkrumah nicht. Der Beitritt seines Landes kam erst nach der Unabhängigkeit Ghanas 1957 zustande. 1959 sollte die Königin im Herbst Ghana besuchen, musste ihre Reise aber verschieben, da sie mit Prince Andrew schwanger war. Ghana hatte sich damals noch nicht offiziell für eine Staatsform entschieden, und von einem Besuch der Königin erhoffte man sich wohl eine Abkehr von der Republik. Nkrumah zeigte sich zutiefst enttäuscht, doch um ihn milde zu stimmen, wurde er schon vor dem geplanten Termin im August 1959 als erster Premierminister des Commonwealth überhaupt nach Balmoral eingeladen. Vor seiner Ankunft verkündete er, Ghana werde dem Commonwealth als Republik beitreten, aber die Königin als Oberhaupt des Commonwealth akzeptieren.

Anfang der 1960er Jahre verschob sich jedoch das bisherige Machtgefüge. Als Südafrika 1960 Republik wurde, hätte es 1961 erneut die Mitgliedschaft im Commonwealth beantragen müssen. Diese Situation beschreibt Murphy als Wendepunkt in der Organisation, da alle anderen Commonwealth-Staaten mit Ausnahme Australiens eine Mitgliedschaft des Apartheidstaates nicht unterstützt hätten. Tanganyika drohte sogar damit, seine Kandidatur zurückzuziehen, sollte Südafrika im Commonwealth verbleiben. Die weißen Dominions waren eindeutig nicht mehr tonangebend, stattdessen wurde das Commonwealth zu einer Institution für die Interessen der sogenannten Entwicklungsländer. Als antirassistische Plattform habe das Commonwealth an Bedeutung gewonnen, ergänzt Osterhammel.

Immer wieder musste die Königin zwischen ihrer Rolle als Staatsoberhaupt Großbritanniens und dem des Commonwealth balancieren. 1983 hob sie in ihrer Weihnachtsansprache die Bemühungen des Commonwealth hervor, durch das 1971 eingeführte technische Hilfsprogramm die Kluft zwischen Arm und Reich zu verringern. Sie mahnte aber auch, dass technische Mittel weder Toleranz noch Mitgefühl noch Kameradschaft (im Sinne einer Beziehung auf Augenhöhe) schaffen könnten. Damit brachte sie unter anderem den rechten Wadenbeißer Enoch Powell gegen sich auf, der durch seine rassistische »Rivers-of-Blood«-Rede 1968 traurige Berühmtheit erlangt hatte, nach der es zu Übergriffen auf Einwanderer aus Asien gekommen war. Powell warf der Königin vor, die Interessen des Commonwealth über die der britischen Bevölkerung zu stellen. Die *Times* sprang ihm bei und stellte absurderweise gar die Existenz einer Kluft zwischen reichen und armen Ländern in Frage.

Besonders deutlich wurde der Konflikt, als die Mehrheit der Commonwealth-Staaten damit drohte, die *Commonwealth Games* 1986 in Edinburgh zu boykottieren, sollte sich die Regierung Thatcher nicht an den Sanktionen gegen Südafrika beteiligen. Bereits 1985 war Thatcher beim Treffen der Commonwealth-Regierungschefs in dieser Frage isoliert gewesen. Obschon die Königin als britisches Staatsoberhaupt zur Neutralität verpflichtet war, erschien am 20. Juli 1986 ein Artikel in der *Sunday Times*, in dem es hieß, die Königin sei entsetzt über Thatchers Verhalten. Nicht nur wegen deren Haltung gegenüber Südafrika und dem Commonwealth, sondern auch in Bezug auf den Bergarbeiterstreik von 1984. Sie halte ihre Premierministerin für »gefühllos, konfrontativ und sozial spaltend«, behauptete der Artikel und berief sich dabei auf ein hochrangiges Mitglied des königlichen Haushalts. Der Palast gab ein nur schwaches Dementi ab, was den Artikel umso glaubwürdiger machte. Mehr als die Hälfte der Mitgliedsstaaten, nämlich 32, boykottierten die Spiele im Sommer. Thatcher aber blieb ihrer Haltung gegen Wirtschaftssanktionen für den Rest ihrer Amtszeit treu. Die Queen hingegen freundete sich nach dessen Freilassung mit Nelson Mandela an. Als dieser 1991 nur als Beobachter beim Treffen der Commonwealth-Regierungschefs anwesend war, sorgte sie persönlich dafür, dass er einen Platz beim Staatsbankett erhielt. 1995 wurde sie in Südafrika begeistert empfangen und konnte sich im Glanz des neuen Präsidenten Südafrikas sonnen, berichtet Murphy.

In ihren letzten Lebensjahren wandte sich die Queen als Staatsoberhaupt des Commonwealth verstärkt Umweltthemen zu. 2015 rief sie gemeinsam mit anderen Umweltorganisationen ein Programm zum Schutz des Regenwaldes ins Leben, seit 2020 gibt es einen Sonderbotschafter für Umweltschutz. Teil dieser Neuausrichtung sollten ihr Enkel Harry und seine Frau Meghan Markle sein, für die nach ihrer Heirat eine Rolle gefunden werden musste. Harry wurde 2017 Vorsitzender des *Queen's Commonwealth Trust*, der 2012 anlässlich des Diamantenen Thronjubiläums der Queen gegründet worden war. Diese Organisation unterstützt junge Führungskräfte zwischen 18 und 35 Jahren, die sich in den Bereichen Landwirtschaft, Bildung, Umwelt, Gesundheit und Inklusion engagieren, mit finanziellen Mitteln und ihrem Netzwerk. 2018 wurde dann für Harry der Titel *Commonwealth Youth Ambassador* erfunden. In dieser Funktion sollte und wollte er das Thema Klimawandel im Commonwealth angehen. Harrys Frau Meghan wurde Vizepräsidentin des *Queen's Commonwealth Trust*, außerdem Schirmherrin der Vereinigung der Commonwealth-Universitäten, deren Stipendiensystem finanziell besser ausgestattet wurde und seither seine Förderung unter dem Namen »Queen Elizabeth-Stipendium« vergibt (man muss schließlich auch an die Nachwelt denken). Mit der Entscheidung des Paares im Jahr 2020, seine Funktion als *Senior Royals* aufzugeben, und dem damit verbundenen Verlust ihrer Schirmherrschaft könnte sich nach Ansicht von Philip Murphy die Tür zur Aufarbeitung des Empire-Erbes wieder schließen, die die beiden geöffnet hatten. Nach dem Interview mit Oprah Winfrey, in dem das Paar den Rassismus beschrieben hatte, den Markle in der britischen Presse, im Palast und in Harrys Familie erfahren hatte, betrachteten viele junge Menschen mit *global majority background* dies als symptomatisch für den strukturellen Rassismus in Großbritannien, betont Murphy. Der Historiker sah 2021 in dem Interview bzw. in der Thematisierung des strukturellen Rassismus als Erbe des Empire auch eine Chance für das Commonwealth. Die ist nun vorerst vertan.

Neben der politischen globalen Vernetzung der Queen als Oberhaupt des Commonwealth steht natürlich jene als globale royale Ikone und als Wirtschaftsfaktor. Beides fiel durchaus zusammen. Zum einen machte die Queen Werbung für britische Unternehmen. Königliche Kaufempfehlungen gibt es seit dem Hochmittelalter durch die Wahl von Hoflieferanten. Die Queen, Prinz Philip und Prinz Charles haben rund 800 dieser sogenannten *Royal Warrants* ausgestellt. Die betreffenden Unternehmen – darunter zum Beispiel der Teefabrikant Twinings, das Modelabel Burberry oder der Autohersteller Bentley – dürfen das königliche Wappen verwenden und damit für sich werben. Hoflieferant zu sein strahlt durchaus über die Grenzen Großbritanniens hinaus. Es ist kostenfreie Werbung, denn anders als Celebrities werden die Royals dafür nicht vergütet.

Das Königshaus, das schon von Georg VI. als »die Firma« bezeichnet worden war, vermarktet und verkauft sich sowie sein Erbe aber auch selbst. Dies geschieht auf verschiedene Weise. Zum einen bietet es über den *Royal Collection Trust* Produkte an, die mit der königlichen Familie in Verbindung stehen – sei es anlässlich von Jubiläen, Hochzeiten oder Ausstellungen im Buckingham Palace. Die Öffnung des Buckingham Palace für die Öffentlichkeit hat sich auch in dieser Hinsicht als gewinnbringend erwiesen. Das Kerngeschäft des Trusts ist Geschirr aus Knochenporzellan in verschiedenen Serien, dazu gibt es Keksdosen oder auch einen Buckingham Palace Gin. Eine einfache Krönungstasse von Charles III. ist für 35 Euro zu haben, echte Fans greifen vielleicht lieber zur limitierten Edition für 175 Euro. Dazu gibt es »Schmuck inspiriert von den Juwelen der Queen«. Wer schon immer eine königliche Brosche – die Queen trug stets eine auf der Brust –

oder gar ein Diadem haben wollte, wird im Online-Shop fündig, der weltweit versendet. Königliche Feste beleben das Geschäft: Nach der Hochzeit von William und Kate im April 2011, so Cele C. Otnes und Pauline Maclaran in ihrem Buch *Royal Fever*, stiegen die Verkaufszahlen der Hochzeitsprodukte des *Royal Collection Trust* offline um 46 Prozent und online sogar um 76 Prozent. Memorabilia der Royal Family bedienen einen globalen Markt.

Die Wirtschaftswissenschaftlerinnen haben verschiedene Merkmale der Markenbildung identifiziert, die den Erfolg der Marke *Royal Family* ausmachen. Entscheidend für die globale Präsenz der Marke ist ihr märchenhafter Charakter, der besonders bei Hochzeiten der königlichen Familie zum Tragen kommt. Als Prinz William Kate Middleton heiratete, signalisierte dies in bester Märchentradition, wie ein Prinz aus einer Bürgerlichen eine Prinzessin machen kann. Diese Geschichte schien sich 2018 zu wiederholen, als Prinz Harry Meghan Markle heiratete. Inzwischen sieht es aber wohl eher so aus, dass Meghan aus Harry nicht nur einen Bürgerlichen, sondern gar einen Amerikaner machen könnte. Der »Megxit«, wie der Ausstieg des Paares aus dem Unternehmen im Jahr 2020 genannt wurde, zeigt den menschlichen Faktor der Markenbildung. Denn es darf auch mal in Maßen ein Fiasko sein, das Nähe zu den Normalsterblichen vortäuscht. Hinzu kommt die Markenbildung durch den Bezug zum kulturellen Erbe, der Stabilität und Langlebigkeit signalisiert, und schließlich der Luxus, den die »Königliche Familie« durch ihren Lebensstil, ihr Mäzenatentum und sich selbst als gesellschaftliche Ausnahme sichtbar macht. Natürlich erreicht die Marke »Königliche Familie« nicht alle, aber immer noch genug für die eigenen Marketingzwecke.

Nach Angaben der BBC ist die Marke *Royal Family* nicht nur für zehn Prozent des jährlichen Großbritannientourismus verantwortlich, sondern auch für Umsätze im Einzelhandel, denn Teetücher, Geschirr und die solarbetriebene Winke-Queen werden nicht ausschließlich vom *Royal Collection Trust* vertrieben. Von Kate Middleton profitiert spätestens seit ihrer Hochzeit vor allem die Modeindustrie. Was sie trägt – bevorzugt britische Designer (Jenny Packham, Catherine Walker, Alexander McQueen) und Marken, sie kombiniert häufig Luxusmode mit Ready-to-Wear – ist oft innerhalb weniger Stunden ausverkauft, wie zum Beispiel ihr blaues Verlobungskleid von Issa. Welche Marken sie trägt, erfährt man auf Blogs wie whatkatewore.com (›was Kate trug‹), die oft Links zu den entsprechenden Shops enthalten. Im Jahr 2018 wurde die Prinzessin von Wales im Jahresbericht von *British Luxury* als wichtigste Einflussnehmerin in der Modebranche genannt, sie taucht regelmäßig auf den Best-Dressed-Listen auf und hat der britischen Modeindustrie im Jahr 2021 mehr als eine Milliarde Euro Gewinn eingebracht. Als die große Schriftstellerin Hilary Mantel es 2013 wagte, in einer Rede scharf zu kritisieren, wie die damalige Herzogin von Cambridge auf ihren Körper reduziert und zu einer Art royalem Kleiderständer gemacht werde, schüttete die Boulevardpresse ihren Hass über die Booker-Preisträgerin aus. Kritik an der finanziell sehr einträglichen Verwertung des königlichen Körpers war nicht erwünscht. Inzwischen gibt es neben dem Kate-Middleton-Effekt auch einen Prinzessin-Charlotte-Effekt, denn was das Mädchen und seine Brüder tragen, steigert den Kleiderkonsum ebenso beträchtlich.

Die Kinder und Enkel der königlichen Familie verknüpften ihre Interessen mit der Konsumkultur auch, indem sie eigene Marken für Konsumgüter gründeten, allen voran der neue König. Die bekannteste dieser Marken ist die 1990 etablierte »Duchy Originals«, benannt nach dem Herzogtum (*duchy*) Cornwall. Unter diesem Namen verkaufte Prinz Charles zunächst in Luxuskaufhäusern wie Harrod's und Fortnum & Mason die Bioprodukte seiner Farmen. Alle Rezepte sind von ihm genehmigt und suggerieren so die Nähe zum Königshaus. Wenn ein Keks schmeckt, dann schmeckt er königlich. Nach Verlusten im Zuge der Weltwirtschaftskrise 2008 kam es zu einer Kooperation mit der Supermarktkette Waitrose. Die Zusammenarbeit und die Marketingstrategie von Waitrose zahlten sich aus: 2012 erhielt Prinz Charles 3,4 Millionen Euro für seinen Wohltätigkeitsfonds. Seit 2015 sind die rund 250 Produkte der Marke unter dem Namen »Waitrose Duchy Organic« bekannt. Die Gewinne von mittlerweile 35 Millionen Euro kommen den Wohltätigkeitsorganisationen des neuen Königs zugute, darunter einem Programm für ökologische Landwirtschaft. Die Waitrose-Kette ist natürlich auch Hoflieferant.

Nach Duchy Originals folgte mit »Highgrove« eine weitere Marke, benannt nach der Privatresidenz des Prinzen. Highgrove vertreibt über Geschäfte in Bath, Tetbury und Windsor sowie online ein ähnliches Sortiment wie der *Royal Collection Trust*, tritt aber noch deutlicher als Luxusmarke auf. Hinzu kommen Drucke von Aquarellen des Königs, die für den gehobenen Geldbeutel persönlich signiert oder sogar vom Künstler abgesegnet worden sind. Vermarktet werden die Produkte auch über Gartenführungen: Für schlappe 920 Euro kann man sieben Freundinnen und Freunde zum Champagnertee in den Garten von Highgrove einladen, Führung inklusive. Mit seinen Bioprodukten hat sich Charles auch selbst als Marke verkauft, denn Umweltschutz und Biodiversität stehen ganz oben auf seiner Agenda als neuer König. Die *public service monarchy* auf diese Weise neu zu rahmen, kommt auch seinen Stiftungen finanziell zugute. Zugleich ist der königliche Umweltschutz eine weitere erfundene, global vermittelbare Tradition, auf die sich sein Königtum und wohl auch das seines Sohnes stützen kann.

Im Königreich der Vorstellungen

Unser Bild der Queen war schon immer vor allem unser eigenes, denn ob sie wirklich gern Schokoladenkekse aß, wusste auch die Autorin von *Königs- und Fürstenhäuser heute* nicht. Die Königin war häufig Gegenstand fiktionaler Annäherungen in Romanen, in Film und Fernsehen sowie in Musikstücken. Denkt man an die Queen und Musik, kommt einem vermutlich gleich nach »God Save the Queen« die Krönungshymne »Zadok the Priest« von Händel in den Sinn, deren Kurzversion heute der Champions League als Erkennungsmelodie dient. Gleich mehrere Musikstücke wurden eigens für die Königin komponiert, darunter solche von Größen wie Edward Elgar, der 1931 den kleinen Töchtern des späteren George VI. und ihrer Mutter die »Nursery Suite« widmete, und Benjamin Britten, dessen Krönungsoper »Gloriana« bei Publikum und Kritik allerdings durchfiel. Der Musiklehrer der Prinzessinnen, Kirchenmusiker William Henry Harris, komponierte für die Krönungszeremonie die Hymne »Let My Prayer Come«, und seine Vertonung von John Donnes »Bring us, O Lord God« wurde 2022 bei der Beisetzung in der Kapelle von Schloss Windsor gesungen.

Die Beatles tranken bei der Königin Tee und besangen ihre Majestät 1969 in einem Hidden Track auf dem Album »Abbey

Road« 1969 als »Pretty nice girl«. Zum 25. Thronjubiläum brachte ihr die Punkband Sex Pistols im Juli 1977 ein ganz besonderes Ständchen. Es trug zwar den gleichen Titel wie die britische Nationalhymne, aber das war es auch schon mit den Gemeinsamkeiten. Nicht vom gnädigen, möglichst sieg- und ruhmreichen Staatsoberhaupt war die Rede, sondern von den katastrophalen gesellschaftlichen Auswirkungen jener Institutionen der britischen Gesellschaft, deren Galionsfigur sie war. In den Versen John Lydons wurde keine nostalgische Rückschau betrieben, wie sie das Jubiläum von 1977 an allen Ecken und Enden prägte – von der Commonwealth-Tour bis hin zu Tassen, Straßenfesten und der *Trooping-the-Colour*-Parade. »God Save The Queen« sang Lydon als synkopisch-dynamischen Gegenpart zur getragenen Hymnenmelodie mit lustvollem Sarkasmus. Mit übertrieben gerolltem R zeigte er die Konsequenzen eines Systems auf, das alle zu Trotteln mache und in dem die Monarchie nur noch eine Touristenattraktion sei. Was die BBC und andere britische Institutionen als Angriff auf die Königin werteten, war jedoch viel eher eine Kritik an der britischen Klassengesellschaft, die der jungen Generation keine Zukunft bot.

Was 1977 noch von der BBC zensiert wurde, kam ein knappes Jahrzehnt später von der Band The Smiths zwar musikalisch gefälliger, aber doch um einiges böswilliger daher. Auf dem hochgelobten Album *The Queen Is Dead* phantasiert der gleichnamige Song den Kopf der Königin in einer Schlinge herbei, imaginiert den Thronfolger in Frauenkleidern und stellt die Thronfolge infrage. Wie Michael Fagan im Jahr 1982 bricht auch das lyrische Ich bei den Smiths in den Palast ein, doch die Königin beleidigt ihn, ein Gespräch kommt nicht zustande, allenfalls Smalltalk über Armut und das Wetter. Die

Queen ist im Song wohl eher metaphorisch als tatsächlich tot, denn sie hat wie schon bei den Sex Pistols im Großbritannien der Thatcher Ära nicht wirklich etwas zu sagen. In ein ähnliches Horn hatte zuvor bereits die Band Housemartins in »Flag Day« gestoßen: Die Königin unternehme nichts gegen die grassierende Armut, vor ihrem fetten Portemonnaie die Spendenbox zu schütteln sei nur Zeitverschwendung. 1997 zeichnete der Sänger Billy Bragg sie als vereinsamte, traurige alte Frau auf dem Thron. Wenige Jahre nach dem Brexit-Referendum stellte der Rapper Slowthai 2019 die Thronfolge infrage, nachdem er im Musikvideo das Schwert Excalibur aus einem Stein gezogen und sich so als ›rechtmäßiger‹ Thronfolger ausgewiesen hatte. Interessanterweise wird von allen Genres, die nicht explizit satirisch sind, vor allem in der Popmusik Kritik an der Königin laut. Zugleich lassen sich britische Bands bei der Royal Variety Show, bei Jubiläen und Krönungskonzerten gern in den Dienst der Monarchie stellen.

Zuweilen gelingt durch fiktionale Werke eine Neubewertung historischer Ereignisse. Dies geschah etwa im Film *The Queen* von Stephen Frears, für den seine Hauptdarstellerin Helen Mirren einen Oscar gewann. Neun Jahre, nachdem die zögerliche Reaktion der königlichen Familie auf den Unfalltod von Prinzessin Diana zur schwersten Krise der britischen Monarchie seit der Abdankung Edwards VIII. geführt hatte, lieferte *The Queen* nachträglich die Erklärung dafür, warum die Königin sich so verhielt, wie sie von außen wahrgenommen worden war: zögerlich, distanziert, die globale Trauer um ihre Schwiegertochter nicht würdigend. Das filmische Melodram inszenierte 2006, was die Queen in den Tagen nach dem Tod ihrer Schwiegertochter durchmachte und wie sie versuchte, ihren Enkeln nach dem schweren Verlust beizustehen. Die nachträgliche fiktive Erklärung zeigte Wirkung, wie Umfragen verraten. Die Motivation der Queen, sich erst so spät zu äußern, wurde nun anders bewertet. Der Filmkritiker David Thomson nannte den Film nicht zuletzt deshalb die raffinierteste PR-Aktion der vergangenen zwanzig Jahre. Er machte in der Wahrnehmung auch die echte Königin nahbarer, verständlicher.

Darüber, wie ›echt‹ die filmische Darstellung der Queen ist, entbrennt seit kurzem zu jeder neuen Staffel von *The Crown* ein Streit. Nicht wenige Stimmen fordern, der Ausstrahlung einen Hinweis beizufügen, dass es sich dabei um Fiktion handele. Je näher die dargestellte Zeit unserer Gegenwart kommt, im Jahr 2022 ging es um die 1990er Jahre, desto lauter werden diese Stimmen. Dabei lässt sich zwischen öffentlich inszenierter Persona und einer Filmhandlung, die sich an tatsächlichen Personen und Ereignissen orientiert und dazu Dialoge weitgehend erfindet, kaum eindeutig unterscheiden. Der Eindruck, es werde zumindest so etwas wie Faction gezeigt, wird vor allem durch die sorgfältig rekonstruierten Kostüme und Filmsets verstärkt. Dazu kommt die Maske und Darstellungskunst, die beispielsweise den Schauspieler Jonny Lee Miller in einen John Major verwandelt, der einem erschreckend bekannt vorkommt – auch der ehemalige Premierminister Major gehört zu denen, die der Serie gern ein Fiktionssiegel aufgestempelt hätten.

Für all jene, die sich noch an den Ehekrieg von Charles und Diana erinnern können, kam die fünfte Staffel nahezu wie eine Rehabilitationserzählung für den neuen König daher: Als mittelalter Mann kämpft er darin mit seiner undefinierten Rolle. Seine Ideen, die Monarchie zu modernisieren, scheinen schlüssig, sein *Prince's Trust* wird zudem als große Errungenschaft dargestellt. Seine Frau kommt hingegen als emotional bedürftig daher, will mit Mitte 30 noch immer das kleine Mädchen spielen, weil alle anderen so gemein zu ihr sind, ihre Söhne instrumentalisiert sie sogar gegen den Vater. Selbst beim Camillagate wirkt Charles irgendwie sympathisch, denn wer hat Geliebten nicht schon einmal etwas gesagt oder geschrieben, das keinesfalls für die Öffentlichkeit bestimmt war?

Neben diesen eher staatstragenden Darstellungen ist die Queen, vor allem aber ihre Familie Gegenstand von Satire geworden. In der Sendung *Spitting Image* (dt. etwa ›Wie aus dem Gesicht geschnitten‹), die von 1984 bis 1996 und seit 2020 erneut von ITV produziert wird, tröstet sie ihren Sohn Charles: »Es macht nichts, Liebling, dass die Welt vergessen hat, wer Du bist.« Als die Königin Maggie Thatcher gegen sich aufbringt, tötet die Premierministerin aus Wut versehentlich anstelle von Elizabeth II. Prince Philip mit gezieltem Speerwurf. Zwar wird die Königin durchaus despektierlich dargestellt, allerdings sind alle um sie herum noch tumber als die mit Tiara und Kopftuch angetane Monarchin. Queen Mum ist stets mit Gin zu sehen, ihre Schwester Margaret ist dauerbetrunken und Princess Diana mimt die verwöhnte Königin der Selbstdarstellung. In der Folge »Succession« (›Thronfolge‹) schlägt die Königin schließlich ihrer Sterblichkeit ein Schnippchen und lädt sich selbst in die Cloud hoch, um ewig weiter zu herrschen.

Die sehenswerte Serie *The Windsors* wiederum, die seit 2016 auf Channel 4 läuft, konzentriert sich auf die Familie von Charles. Sie porträtiert deren Leben weniger als Satire denn als Soap Opera, die das Leben der königlichen Familie parodiert: Kate fühlt sich endlich zugehörig, weil sie für ihren dümmlichen Schwager Harry einen Kostümball organisiert, William fliegt absurd nutzlose Rettungseinsätze und befürwortet erfolgreich ein Referendum zur Abschaffung der Monarchie, während Camilla ein Kind von Charles will und die Ermordung aller in der Thronfolge vor ihrem Nachwuchs Stehenden plant. Letztlich sind die Figuren beider Produktionen so ins Groteske überzeichnet, dass sie zwar sehr witzig sind, die Sendungen indes nicht wirklich eine Kritik an der Monarchie formulieren, sondern eher amüsieren.

Als Staatsoberhaupt hat der König oder die Königin im Vereinigten Königreich Anspruch auf einen eigenen Hofdichter. Der blieb früher so lange im Amt, bis er das Zeitliche segnete, deshalb konnte die Queen (auf Vorschlag des Premierministers) erst 1967 ihren eigenen Hofdichter ernennen. Ihr Vater konnte sogar überhaupt keinen berufen, denn der 1930 vom Premier Ramsay MacDonald nominierte John Masefield blieb 37 Jahre lang der *Poet Laureate*. Erst seit dem 21. Jahrhundert verabschieden sich die Hofdichter nach zehn Jahren wieder aus diesem Amt, das Philip Larkin 1984 gar nicht erst haben wollte. Seit 2019 bekleidet es Simon Armitage und darf nationale Ereignisse lyrisch begleiten – eine nicht ganz einfache Aufgabe, bei der die Gefahr einer Verkitschung stets lauert, wie etwa 1977 bei der Jubiläumshymne John Betjemans, in der von den tiefblauen Augen der Königin die Rede war. Zum Tod der Königin würdigte Armitage sie mit der Zeile »A promise made and kept for life – that was your gift« und erinnerte damit an das 1947 gegebene Versprechen der Prinzessin, ihren ›Untertanen‹ ihr Leben zu widmen – *gift* bedeutet Begabung und Geschenk zugleich.

Die Queen ist auch abseits der Hofdichtung zur literarischen Figur geworden. Schon als Mädchen war sie die Protagonistin eines Corgi-Romans, inzwischen sind ihre Hunde ebenfalls zu Helden von Erzählungen geworden. William F. Buckley schickte der Königin im Jahr 1951 einen sehr gut aussehenden CIA-Agenten in den Buckingham Palace, kurz darauf gelangte James Bond in den Dienst Ihrer Majestät, und neuerdings ermittelt die Königin in den Krimigeschichten von Sophia Bennett auch selbst. In Emma Tennants fiktiver Autobiographie hat die Queen die Nase vom Hofleben voll und verschwindet aus dem nebligen Schottland in Richtung Karibik, um dort ein ›normales‹ Leben zu führen.

Dieses normale Leben bekommt sie in einem Roman von Sue Townsend, im deutschsprachigen Raum vor allem als Autorin der Tagebücher von Adrian Mole bekannt, vom Wahlvolk aufs Auge gedrückt. In *Die Queen und ich* wird sie von den Wahlgewinnern der Republikanischen Volkspartei abgesetzt und mit ihrer gesamten Familie in eine Sozialbausiedlung namens »Hell Close« verfrachtet, wo ihre neuen Nachbarn die Queen zunächst nicht einmal erkennen und Prinzessin Diana für die Sprechstundenhilfe des Hausarztes halten. Nicht Schadenfreude macht die Lektüre zu einem Genuss, sondern der unbeholfene Umgang ihrer Verwandten mit dem neuen republikanischen Leben, dem einzig und allein die Queen Mum etwas abgewinnen kann. Und das, obwohl sie in einem heruntergekommenen Bungalow hausen muss und ihre Kunstwerke von zwei örtlichen Gaunern geklaut werden, die ihren Gainsborough für ein einziges Pfund an den Pubbesitzer verhökern. Charles wiederum romantisiert das einfache Leben und kommt am Ende doch am schlechtesten damit zurecht: Er landet sogar im Gefängnis.

Die Königin selbst ist um eine *stiff upper lip* bemüht und wurschtelt sich tapfer durch ihren neuen Alltag, aber der Gatte geht ihr zunehmend auf die Nerven. Der nimmt das kleinbürgerliche Leben nämlich zum Anlass, endlich jenen Familienpatriarch zu spielen, der er als Prinzgemahl nie hatte sein dürfen. »Du behandelst mich wie Deine Dienerin«, wirft die abgesetzte Monarchin ihrem Gespons vor, der entgegnet: »Ich behandle Dich wie meine Frau«, was ihr ganz und gar nicht gefällt. Die neuen republikanischen Machthaber treiben Großbritannien unterdessen in den Ruin und müssen das Land an Japan verkaufen. Die kontrafaktische Geschichtserzählung stellt sich am Ende als Albtraum heraus, aus dem Elizabeth II. zum Wahlsieg John Majors erwacht. Wenige Jahre später schickte Sue Townsend die königliche Familie erneut ins Exil, doch als die Konservativen die Monarchie wieder einführen, hat Elizabeth II. keine Lust mehr und dankt ab. Stattdessen heißt es im Folgeband von 2006 nun recht prophetisch »Queen Camilla«.

Die souveräne Leserin von Alan Bennett ist eine berührende literarische Hommage an die Queen wie an das Lesen an sich. Die Erzählung beschreibt, wie die schon betagte Monarchin eher zufällig auf diese Beschäftigung verfällt: Der Bibliotheksbus hält vor der Küche von Windsor Castle und wird von den Corgis Ihrer Majestät verbellt. Als die sich entschuldigen will, trifft sie im Bus auf Norman Seakins, einen ihrer Küchenangestellten. Eher aus schlechtem Gewissen denn Interesse leiht sie sich ein Buch aus. Das ist sehr langweilig, die Königin liest es vor allem aus Pflichtgefühl zu Ende, schließlich hat sie selbst die Autorin einst zur *Dame* ernannt. Dennoch ist diese erste Ausleihe der Anfang vom Ende, denn das nächste Leihexemplar ist von Nancy Mitford, und das muss so dringend ausgelesen werden, dass die Königin dafür sogar vortäuscht, krank zu sein und Termine schwänzt. Mit Norman, der sie bei der Ausleihe zunächst berät, geht sie eine ungewöhnliche, aber immer enger werdende Lesefreundschaft ein und befördert ihn deshalb zu ihrem Literatursekretär. Mit ihrem Amanuensis, wie sie ihn nennt, kann sie über ihre Lektüre diskutieren und ihn in weitere Büchereien schicken, denn der Bibliotheksbus hat allzu bald nichts Neues mehr zu bieten.

Die Königin wird in Bennetts zauberhafter Erzählung nicht nur zur souveränen Leserin, sie wird auch als Person immer eigenständiger, entledigt sich eingefahrener Konventionen und geht immer mehr ihren Neigungen, indes immer weniger ihren Pflichten nach. Selbst auf dem Weg zur Parlamentseröffnung liest sie nun heimlich in der Staatskutsche – wie das trotz Winkens funktioniert, hat sie zuvor geübt. Dem französischen Staatspräsidenten möchte sie nur zu gern ein Gespräch über Jean Genet aufdrängen, von dem der aber nichts wissen will. Ihre Corgis, vor allem aber ihr Privatsekretär Sir Kevin reagieren zunehmend feindselig auf ihre Lesesucht, denn letzterer kann Elizabeth II. nicht mehr wie gewohnt kontrollieren. Unnachgiebig frönt sie ihrer Leselust, beginnt auch in der Öffentlichkeit vorzulesen und verwirrt ihre ›Untertanen‹ mit Fragen nach deren Lieblingsbüchern. Krankenhausneubauten eröffnet sie mit immer weniger Enthusiasmus, von der Arbeit mit den roten Boxen ganz zu schweigen. Ihre Angestellten vermuten angesichts solch erratischen Verhaltens gar, sie sei an Alzheimer erkrankt.

Das Lesen verändert die Königin, doch neben den vielfältigen neuen Leseerfahrungen verspürt sie auch Trauer ob des zu lange Verpassten, nicht mehr Einholbaren. Sie sei eine Opsimathin, erklärt sie Norman, eine Person, die erst spät im Leben beginnt zu lernen. Am Ende der Novelle stellt ihr Lesen und inzwischen auch ihr Schreiben das Leben der Königin auf den Kopf und sie ihre Pflichten hintan. An ihrem 80. Geburtstag schockiert sie den geladenen Kronrat mit der Ankündigung, sie werde nun selbst ein Buch schreiben, und zwar eines, in dem sie ihre Amtszeit analysiere und reflektiere, radikal und herausfordernd. Bennett nutzt die Ankündigung literarisch dazu, den Mythos des neutralen Staatsoberhauptes abzuräumen: Die Hände von Diktatoren habe sie schütteln und mit Kindermördern parlieren müssen, durch Kot und Blut sei sie als Königin gewatet. Sie habe sich häufig eher geschämt, als stolz auf das Commonwealth zu sein. In ihrem Buch werde es um die Wahrheit gehen, verkündet die Jubilarin ihrem immer nervöser werdenden Premier. Der Herzog von Windsor habe sein Buch erst schreiben können, nachdem er abgedankt habe, mahnt der. »Hatte ich das vergessen?«, entgegnet ihm seine Königin. »Was glauben Sie denn, warum Sie alle hier sind?« Man wünscht sich fast, der Roman sei mehr als Fiktion, und wir könnten uns die Queen als den glücklichen, gewitzten und freien Menschen vorstellen, zu dem Alan Bennett sie schließlich macht.

Das Ende der Queen und der Anfang von Charles III.

Am Nachmittag des 8. September 2022 starb Königin Elizabeth II. im Beisein ihrer beiden ältesten Kinder auf Balmoral in Schottland. Als der Buckingham Palace am Mittag mitteilte, die Königin stehe unter ärztlicher Aufsicht, und wenig später, die Kinder der Königin und ihr Enkel Prinz William befänden sich auf dem Weg nach Schottland, hatte man den Eindruck, über die sozialen Medien gewissermaßen Teil des Geschehens zu sein. Tatsächlich war die Königin verstorben, bevor ihre jüngeren Kinder und ihr Enkel in Balmoral eintrafen. Zu diesem Zeitpunkt hielt die Öffentlichkeit noch den Atem an. Wer jedoch die Bilder der gebrechlichen Queen bei der Ernennung von Liz Truss zur Premierministerin nur zwei Tage zuvor gesehen hatte, machte sich berechtigte Sorgen um ihr Leben.

Bekanntgegeben wurde der Tod der Monarchin erst zwei Stunden nach ihrem Ableben, nachdem die übrigen möglichen Thronprätendenten eingetroffen waren, ihrem ältesten Bruder Charles die Hand geküsst und damit seinen Anspruch auf den Thron symbolisch bezeugt hatten. Dass Kindern und Enkel ein stiller Moment blieb, um Abschied zu nehmen von Mutter und Großmutter, bevor die Verwaltungs- und Medienmaschinerie einsetzte, bleibt zu hoffen. Die Nachricht vom Tod der Queen kam noch rechtzeitig für die Abendnachrichten und für die Titelseiten sämtlicher Tageszeitungen im Vereinigten Königreich, in Teilen des Commonwealth und darüber hinaus. Selbst diese Rücksichtnahme auf den Redaktionsschluss war auf makabre Weise eine erfundene Tradition: 1936 hatte der Leibarzt von König George V. dem Sterbenden eine Mischung aus Morphium und Kokain gespritzt, die seinem Leiden so schnell ein Ende setzen, dass sein Tod rechtzeitig für den Druck der *Times* gemeldet werden konnte und in den Abendausgaben der Zeitungen stand.

Was dann geschah, wurde bereits seit den 1960er Jahren unter dem Namen *Operation London Bridge* geplant und in den folgenden Jahren immer weiter verfeinert. Im Jahr 2017 wurden die Pläne öffentlich, zusammen mit der *Operation Lion*, dem allgemeineren Plan für den Tod von Mitgliedern der königlichen Familie. »London bridge is down« war das nicht mehr ganz so geheime Codewort, mit dem unter anderem Premierministerin Liz Truss über den Tod ihres Staatsoberhauptes informiert wurde. Die Regierungen der Commonwealth-Staaten wurden von einem geheimen Kommunikationszentrum im Außenministerium in Kenntnis gesetzt. Da die Königin in Schottland verstorben war, lief auch die *Operation Unicorn*. Das schottische Parlament trat zusammen, nach einem Gedenkgottesdienst in der St. Giles' Cathedral in Edinburgh wurde der Leichnam der Königin dort aufgebahrt, in langen Reihen zogen die Trauergäste an ihrem Sarg vorbei. Die BBC übertrug das Geschehen nach der Beerdigung in Dauerschleife, ebenso die Proklamation des neuen Königs Charles durch den Thronbesteigungsrat im St. James's Palace am 10. September. In London angekommen, wurde der Leichnam vom 14. bis zum 19.

Nicht nur in der nach der Queen benannten Elizabeth Line, sondern in Stationen aller U-Bahn-Linien waren 2022 Traueranzeigen geschaltet.

September 2022 in der Westminster Hall, dem ältesten Teil des Westminster Palace, aufgebahrt. Ihre Kinder und Enkel wachten am Sarg, eine Viertelmillion Menschen standen zum Teil für fünfundzwanzig Stunden an und liefen sechzehn Kilometer zu Fuß, um sich von der Königin zu verabschieden. Die Wartenden wurden von vielen Freiwilligen umsorgt, der Erzbischof von Canterbury schickte Pizza. Selbst Charles III. und Prince William besuchten *The Queue*, die scherzhaft »Elizabeth Line« genannt wurde.

Nach dem Tod der Monarchin stellte die königliche Familie ihren lebenslangen Dienst in den Mittelpunkt der öffentlichen

Verlautbarungen, ganz im Sinne der *public service monarchy*. Diese Interpretation wurde von der Presse weitgehend übernommen. In die Trauer mischten sich aber auch Stimmen, die eine Aufarbeitung des kolonialen Erbes durch das Königshaus forderten. Vor allem aus Kenia kam Kritik, wo in den 1950er Jahren die Mau-Mau-Rebellion blutig niedergeschlagen worden war. Die kenianische Menschenrechtskommission geht inzwischen von 90 000 Getöteten und 160 000 Inhaftierten aus. Die Königin wurde nach Einschätzung der Historikerin Almuth Ebke auch als Symbol der rassistischen Ordnung des Empire wahrgenommen. Man wollte nicht um sie trauern, sondern erwartete vom neuen König einen anderen Umgang mit dem kolonialen Erbe. Ähnlich äußerte sich in *Le Monde* der nigerianische Journalist Caleb Okereke, der der Volksgruppe der Igbo angehört. Im Biafra-Krieg zwischen 1967 und 1970 seien zwei Millionen Igbo getötet worden, auch weil Großbritannien seine wirtschaftlichen Interessen schützen wollte und nicht eingegriffen habe, kritisierte Okereke. Er forderte, dass auch die Gewalt, die das Empire ausgeübt oder nicht verhindert hatte, Teil der Erinnerung an die Königin sein müsse. Es bleibt abzuwarten, ob diese Sichtweise tatsächlich Teil der kulturellen Erinnerung an die Königin werden wird.

Als einziges weibliches Familienmitglied der Windsors begleitete Anne, die Princess Royal, den Sarg ihrer Mutter auf der Prozession von der Westminster Hall zur Westminster Abbey. Bevor der Trauergottesdienst begann, läutete die auf den Ton D gestimmte Tenorglocke in jeder der folgenden 96 Minuten je einmal, für jedes Lebensjahr der Königin einmal. Eingeladen waren neben der Familie sowie gekrönten und gewählten Staatsoberhäuptern auch die Vertreterinnen und Vertreter aller religiösen Gemeinschaften und der verschiedenen Kirchen des Vereinigten Königreiches. David Hoyle, der Dekan von Westminster, betonte ein letztes Mal die unerschütterliche Hingabe der Königin an ihre Berufung, bevor zunächst er und später der Erzbischof von Canterbury die Königin der Obhut des Allmächtigen empfahlen. Zur letzten Ruhe gebettet wurde Elizabeth II. in der St. George's Chapel in Windsor. Die Gäste wurden dort zu Klängen von Bach, Elgar, Judith Weir und Elthel Smythe empfangen, die 1910 mit *March of the Women* die Hymne der Frauenwahlrechtsbewegung komponiert hatte. Die Königin war eine gläubige Christin, das hatte sie auch öffentlich immer wieder bekundet. Das Versprechen der Auferstehung, das die Beisetzungsfeier durchzog, war für sie Teil ihrer Wirklichkeit.

29 Millionen Menschen schauten den Trauer- und Beisetzungsgottesdienst im Fernsehen an, nur fast so viele wie das Endspiel der Fußballeuropameisterschaft 2020, meldete der *Guardian* nahezu erleichtert. Die Webseite Statista hatte vorausgesagt, weltweit würden sich vier Milliarden dazuschalten. Selbst wenn diese Zahlen nicht bestätigt wurden, ist doch deutlich, dass die Königin auch bei ihrem Abschied ein letztes Mal zu einem Medienereignis wurde.

Der neue König Charles III. hat während seiner langen Jahre als Thronfolger schon längst die Themen für sich entdeckt, die seine Zeit als Staatsoberhaupt und wohl auch die seines Sohnes William prägen werden: nämlich Klimawandel, Artenvielfalt und eine inklusive, multikulturelle Gesellschaft. Seine Krönung nutzte er dazu, diese Themen symbolisch zu setzen: durch die Beteiligung von Mitgliedern verschiedener religiöser Gruppen an zentralen Stellen der Zeremonie, durch Diversität bei der Musik und ihrer Interpretation sowie durch die Nachhaltigkeit seiner Krönungsroben, die allesamt nicht neu angefertigt wurden. Das Krönungsessen war 2023 eine vegetarische Quiche, der Feiertag nach dem Krönungswochenende wurde als *Big help out* für ehrenamtliches Engagement in Dörfern und Städten geplant.

Die Krönungsfeierlichkeiten machten aber auch die Herausforderungen deutlich, vor denen der neue König steht. Der von Erzbischof Justin Welby erdachte öffentliche Eid auf den König, wohl als inklusive Maßnahme gedacht, stieß auf wenig Gegenliebe. Wer am Krönungstag gegen die Monarchie protestierte, wurde aufgrund eines kurz zuvor von den Tories durchgebrachten Anti-Protest-Gesetzes von der Straße weg verhaftet, Banner wurden konfisziert. Ein liberales Großbritannien sieht anders aus. Die Zustimmung zur Monarchie schwindet in Schottland und Wales ebenso wie in der Generation Z. Die Krönungsporträts mit Sohn und Enkel in vollem Ornat wirken seltsam deplatziert, als seien sie nicht echt, sondern KI-generiert. Es ist vielleicht an der Zeit, auch die Rituale der Monarchie zu modernisieren, wie in allen anderen europäischen Monarchien längst geschehen.

Um dieselbe Langlebigkeit und Stabilität zu demonstrieren wie seine Mutter, wird Charles III. nicht lange genug im Amt bleiben. Großbritannien befindet sich dank Brexit, Pandemie, seines Umgangs mit Migranten, exorbitant gestiegener Lebenshaltungskosten und nicht zuletzt dank des Gebarens von Ex-Premier Boris Johnson in einer tiefen politischen, gesellschaftlichen und wirtschaftlichen Krise. Diese Probleme müssen zwar die Verantwortlichen im Parlament lösen, dennoch soll der König ja per se eine Stabilität garantieren, die indes immer bedrohter zu sein scheint. Charles III. wird sich darüber hinaus mit Themen auseinandersetzen müssen, die seine Familie betreffen. Dazu gehören das Erbe des Empire, die Verwicklung der königlichen Familie in den transatlantischen Sklavenhandel sowie Vermögen und Einnahmen der königlichen Familie. Es wäre sicherlich ratsam, wenn er diese Auseinandersetzung mit kritischen Themen aktiv angehen würde, anstatt auf Druck von außen zu warten. Die Verwicklung in den Sklavenhandel hat er bereits eingestanden und eine Untersuchung in Auftrag gegeben, eine Entschuldigung steht aber noch aus. Auch bei den deutlich gestiegenen Einnahmen aus dem Krongut zeigt er sich, wie berichtet, in Ansätzen einsichtig.

Ob er in allen bisherigen Commonwealth-Staaten Staatsoberhaupt bleiben wird, ist zumindest für die Karibikstaaten fraglich. Barbados wurde bereits 2021 Republik, andere Staaten liebäugeln damit. Die *Royal Tour* von Kate und William im März 2022 wurde in Belize, Jamaika und auf den Bahamas von Protesten gegen den als kolonialistisch empfundenen Besuch begleitet. Er würde doch auch nicht einfach uneingeladen in den Kensington-Palast kommen, beschwerte sich ein Mann aus Belize. Dass Kate sich klischeehaft ausschließlich in knalligen Farben oder in Weiß zeigte, trug wohl ebenfalls nicht dazu bei, die Reise anders zu rahmen. Kritik an Landnutzungsrechten wurde ebenso laut wie die Forderung nach Reparationszahlungen für die Versklavung. Statt auf den guten Willen und die Dankbarkeit der Besuchten zum Platinjubiläum zu setzen, hätten die beiden die Beteiligung der königlichen Familie am transatlantischen Sklavenhandel anerkennen und sich entschuldigen sollen, kommentierte der britische Historiker Trevor Burnard im *Guardian*. In Jamaika erklärte Premierminister Andrew Holness dem Paar, dass sein Land in naher Zukunft unabhängig werden wolle. Die Reise machte sehr deutlich, welchen Verlust der Abschied von Harry und Meghan für das Königshaus auch strategisch bedeutet. Für das Ziel der Reise, das Commonwealth zu erhalten und zu stärken, wäre das Paar vermutlich der geeignetere Besuch gewesen. Stattdessen sichert es nun durch umfängliche Selbstdarstellung seine Zukunft, zum Schaden nicht nur der königlichen Familie, sondern vermutlich auch seiner selbst.

Charles III. konnte die Ankündigung aus Jamaika nur zur Kenntnis nehmen, wie er vieles künftig nur noch in jenem engen Rahmen tun kann, den ihm die britische Verfassung setzt. Gleich zu Beginn seiner Regentschaft verbot ihm Premierministerin Liz Truss die Teilnahme am Klimagipfel. Was dem Prince of Wales noch möglich war, steht dem König häufig nicht mehr zu. Man darf gespannt sein, welche Kernthemen des Königs der neue Prince of Wales und seine Frau übernehmen werden. Eines steht fest: Klimagerechtigkeit, Umweltschutz und Jugendförderung scheinen die neuen Eckpfeiler der *public service monarchy* à la Charles III. zu sein.

Lektüretipps

Alter, Peter: Die Windsors. Geschichte einer Dynastie. München 2009.

Bennett, Alan: Die souveräne Leserin. Berlin 2008.

Bogdanor, Vernon: The Monarchy and the Constitution. Oxford 1995.

Cannadine, David: Die Erfindung der britischen Monarchie 1820–1994. Berlin 1994.

Dayan, Daniel / Katz, Elihu: Media Events: The Live Broadcasting of History, Harvard MA 1992, https://doi.org/10.2307/j.ctv1smjvm9.

Ebke, Almuth: Long Live the King? Vergangenheit und Zukunft der britischen Monarchie. In: Aus Politik und Zeitgeschichte (APuZ) 2003. H. 12/13.

Guardian: Cost of the Crown, vierteilige Podcastserie, Mai 2023 (Reihe Today in Focus).

Jordan, Christina / Polland, Imke (Hrsg.): Realms of Royalty. New Directions in Researching Contemporary European Monarchies. Bielefeld 2020.

Junor, Penny: All the Queen's Corgis. London 2018.

Kelly, Angela: Das trägt die Queen. So entsteht die Garderobe Ihrer Majestät. München 2012.

Lyon, Ann: Constitutional History of the UK. London 2003.

Kielinger, Thomas: Das Leben der Queen. Elizabeth II. München 2022.

Mantel, Hilary: Royal Bodies. In: London Review of Books 35 (2013), Nr. 4.

Merck, Mandy (Hrsg.): The British Monarchy on Screen. Manchester 2016.

Murphy, Philip: Monarchy and the Ende of Empire. The House of Windsor, the British Government, and the Postwar Commonwealth. Oxford 2014.

–: The Empire's New Clothes. The Myth of the Commonwealth. London 2021.

Nairn, Tom: The Enchanted Glass. Britain and Its Monarchy. London 1988.

Osterhammel, Jürgen: Das Commonwealth. Geschichte und Gegenwart eines postimperialen Gebildes. In Aus Politik und Zeitgeschichte (APuZ) 2003. H. 12/13.

Otnes, Cele C. / Maclaran, Pauline: Royal Fever. The British Monarchy in Consumer Culture. Oakland, CA 2015.

Pimlott, Ben: The Queen. Elizabeth II and the Monarchy. London 2012.

Prochaska, Frank: Royal Bounty. The Making of a Welfare Monarchy. New Haven 1995.

Seward, Ingrid: The Queen's Speech. An Intimate Portrait of the Queen in Her Own Words. London 2015.

Titchmarsh, Alan: The Queen's Houses. Royal Britain at Home. London 2014.

Townsend, Sue: Die Queen und ich. München 1993.